グローバル・タックスの構想と射程

上村雄彦 編
Uemura Takehiko

法律文化社

はじめに

　加速する地球環境破壊、いまだ多くの人々を苦しめている飢餓・貧困、ますます拡大する貧富の格差、終わらない紛争など深刻な地球規模課題を前に、人類は圧倒され、打つ手もなく佇んでいるように見える。
　しかし、2013年1月22日、それを覆すことが可能となるかもしれない歴史的な瞬間が訪れた。この日開かれた欧州連合（EU）財務相会合で、EU11ヵ国が他のEU諸国に先駆けて金融取引税を導入するための議案が、了承されたのである。この会合は、金融取引税に反対する国々が反旗を翻す最後の機会だったので、ここで了承されたということは、実質的に11ヵ国が金融取引税を導入することが認められたことを意味した（上村 2013：248）。[1]
　金融取引税とは、「グローバルな資産や活動にグローバルに課税し、グローバルな活動の負の影響を抑制しつつ、税収をグローバルな課題の解決のために再分配する税の仕組み」であるグローバル・タックス（国際連帯税とも呼ばれる）の一つであるが（上村 2009：177-178）、なぜ11ヵ国がこの税を導入することが「歴史的」なのであろうか。
　その理由の一つは、金融取引税、特に主要国によって同時に実施される金融取引税は、地球環境破壊、貧困や格差の拡大など地球規模課題が深刻化する中で、その解決に必要な巨額の資金を創出し、これらの問題を生み出している主要因の一つである膨張した投機経済を抑制し、不公正なグローバル・ガヴァナンスを変革する可能性を秘めているからである。
　しかしだからこそ、課税される金融業界の反対は限りなく大きく、その金融業界から多額の献金をもらっている多くの政治家も消極的であり、金融業界を保護する立場の各国の財務省も慎重で、所詮このようなことは学者やNGOの「夢物語」にすぎないと思われていた。これらの理由から金融取引税が実現する見通しが立ったことは、まさに「歴史的」と呼べるのである。
　本書は、この地球規模課題解決の切り札となりうるグローバル・タックスに

ついて、8名の研究者が科学研究費補助金（基盤研究（C）、研究課題番号：22530158）を得て研究チームを形成し、3年間検討した成果の一部を世に問うものである。研究チームは、国際関係論、国際経済学、財政学、税法、環境政策など多様な専門家からなる学際的研究チームで、これまで何度となく研究会を開催して議論を深め、国内外での関連会議に出席して貴重な資料を収集した。

研究チームの大きなテーマは、「誰が、どのようにすれば、地球環境破壊、貧困や格差、紛争など地球規模問題を解決し、公正で、平和な持続可能な地球社会を創造することができるか」という課題であった。中でも、前述の①地球規模課題解決に必要な資金の大幅な不足、②投機マネーによるギャンブル経済の膨張、③このようなグローバル金融をコントロールするための効果的なグローバル・ガヴァナンスの欠如、という三つの課題の解決について、探究を重ねてきた。

研究チームがその一番の処方箋として着目したのがグローバル・タックスである。なぜなら、グローバル・タックスが実現すれば、①地球規模問題を解決するために必要な大規模な資金が安定的に供給され、②金融取引税や通貨取引税の場合には、投機を抑制してグローバル金融市場を安定させ、③多数で多様な納税者に対して説明責任を果たすために、グローバル・タックスの実施に伴うグローバル・ガヴァナンスは、必然的に透明で、民主的で、アカウンタブルにならざるを得ないので、グローバル・ガヴァナンスを刷新する契機となる可能性が生まれるからである。

先に、グローバル・タックスの定義を示したところであるが、ある意味それは狭義の定義である。これを広義に定義すると、グローバル・タックスは次の3つの議論を包摂する。それはまず、課税以前に資金の流れを透明にして「漏れを防ぐ（"Plugging the leaks"）」、すなわちタックス・ヘイブンや資本逃避を解決するための議論、次に、通貨取引税、金融取引税、地球炭素税、武器売上税、航空券連帯税など、実際に課税を行う議論、そして、税の仕組みを創出・管理・運営するためのグローバル・ガヴァナンスを構想する議論である（Uemura 2007：15；上村 2007：225-226；2009：178）。

地球規模課題を解決し、持続可能な地球社会を創造するためには、これらす

はじめに

べての側面について、緻密な分析を行い、それに基づいて効果的な政策が打ち立てられねばならないだろう。したがって、研究チームはこれらすべてにわたる研究を行い、その研究成果である本書も、最初の「漏れを防ぐ」議論から（第4章）、2番目のグローバル・タックスの実施の検討（第1章、第2章、第3章）、そして最後のガヴァナンスの側面まで（第5章、第6章）、すべてを射程に収めている。

　ここで、本書の概要を示しておこう。まず、第1章（上村雄彦）は、グローバル・タックスの中でも、現在最も注目されている金融取引に対する課税に焦点を当て、トービン税、通貨取引税、通貨取引開発税、金融取引税、グローバル通貨取引税について、その税収、政策効果、ガヴァナンスに関して比較検討を行う。その結果、最も望ましい選択肢としてグローバル通貨取引税、ならびにその導入に伴って創設されるべきグローバル連帯基金を挙げる。同時に、現在導入に最も近い位置にいる金融取引税の政治的動向と今後の展望についても論じる。

　続いて、第2章（諸富徹）は、欧州11ヵ国による導入が検討されている金融取引税を「税制史上の歴史的な画期」と位置づけ、その意義、欧州委員会がこれを提案した背景、制度設計、グローバルな金融システムの革新的進歩とそれに伴う技術的実行可能性について、詳細に吟味する。とりわけ、高頻度取引やサブプライム・ローン問題に象徴される「金融派生商品の重層化」など、2000年代以降の金融イノベーションがもたらした弊害を分析し、それらが金融取引への課税を通じて抑制される重要性を浮き彫りにする。

　第3章（三木義一、道下知子）は、金融取引税をめぐる昨今の欧州の動向を受けて、日本における金融取引税導入の理論的根拠を模索する。具体的には、有価証券譲渡税、キャピタル・ゲイン課税、有価証券取引税を中心に、日本の金融取引に関連する税制の歴史を振り返りつつ、特に、「世界経済のグローバル化とボーダレス化」という状況下で起こった租税理念の大転換の中で投資主体が個人から巨大化した法人へと変化し、有価証券取引税が廃止された経緯を分析する。その上で、国家の専権とされている課税権を相互に制約・調整し、金融取引に合理的な課税を実現することが、国際社会の課題であることを強調する。

ここまでは、金融取引に対する課税、とりわけ金融取引税を中心に論じられてきたが、グローバル・タックスの第一の側面、すなわち「漏れを防ぐ」という重要な課題も忘れてはならない。これを扱ったのが第4章（金子文夫）である。本章は、多国籍企業に対するグローバル・タックスの必要性という問題意識のもとに、タックス・ヘイブンに関する研究動向、実態、規制状況について概括的な考察を試み、国内外におけるタックス・ヘイブン研究の現状を紹介しつつ、タックス・ヘイブンの規制について時系列的に論じる。

　これらを受けて、本書はグローバル・タックスの三つ目の側面、グローバル・タックスとグローバル・ガヴァナンスに関する議論に移る。第5章（ヘイッキ・パトマキ）は、気候変動を取り上げ、これが人類の未来を終わらせかねない重要な問題であることをまず提起し、それに対する処方箋として排出量取引と炭素税の比較分析を行う。その結果、排出量取引よりも炭素税の方がさまざまな点で有効であることを論証しつつ、その税の受け皿として地球炭素税機関の創設を提言する。そして、グローバル・タックスへのよくある批判である「代表なくして課税なし」を逆手に取り、だからこそグローバル・タックスを財源とする機関は多くのステークホルダーが参加する民主的なガヴァナンスを備えなくてはならないと主張する。

　最後に、第6章（上村雄彦）では、グローバル・タックスが導入された場合のガヴァナンスの構想として、トービン税機関（TTO）、持続可能な開発のための連帯基金（FSDD）、ならびにグローバル連帯基金（GSF）について吟味し、現実にあるガヴァナンスとして国際医薬品購入ファシリティ（UNITAID）について分析を行う。その上で、2011年に新設されたグリーン気候基金（GCF）のガヴァナンスを考察し、その今後を展望しつつ、最後にグローバル租税機関とグローバル議会を吟味し、グローバル・タックスの導入がグローバル・ガヴァナンスの民主化、透明化、アカウンタビリティの向上に資する可能性を追求する。

　グローバル・タックスは地球規模課題が深刻化する今日、重要な研究分野であるにもかかわらず、これに関する研究は、とりわけ日本においてはまだまだ少ない。本書が日本におけるグローバル・タックス研究の一つの礎になり、この分野の研究の発展に少しでも貢献することができるならば、望外の喜びである。

【注】
1) その後、スロベニアで選挙があり、合意時の首相が変わったため、スロベニアを除く、EU10ヵ国（ベルギー、ドイツ、エストニア、ギリシャ、スペイン、フランス、イタリア、オーストリア、ポルトガル、スロバキア）が同税を2016年1月までに実施することになっている。

〔参考文献〕
○日本語文献
上村雄彦（2007）「いくつもの『もうひとつの世界』——世界社会フォーラム（ナイロビ）に参加して」『公共研究』4巻1号、218-237頁
上村雄彦（2009）『グローバル・タックスの可能性——持続可能な福祉社会のガヴァナンスをめざして』ミネルヴァ書房
上村雄彦（2013）「金融取引税の可能性——地球規模課題の解決の切り札として」『世界』844号、248-256頁

○外国語文献
Uemura, Takehiko (2007) "Exploring Potential of Global Tax: As a New Horizon for International Development Studies", *proceedings for the 8th Conference of the Japan Society for International Development*, pp. 15-18.

目次

はじめに

第1章 金融取引に対する課税に関する諸構想の比較分析――1

1 はじめに――革新的な構想の必要性　1
2 トービン、シュパーンから通貨取引開発税へ　4
3 通貨取引開発税から金融取引税へ　9
4 金融取引税からグローバル通貨取引税（グローバル連帯税）へ　15
5 結びにかえて――金融取引税の今後　21

第2章 EU金融取引税の制度設計と実行可能性――31

1 EU金融取引税導入の意義　31
2 金融取引税の設計　38
3 金融取引税の実行可能性　45
4 まとめ――理論的検討段階から実行段階に移った金融取引税　51

第3章 日本における有価証券取引税の歴史的経緯とその法的評価――55
　　　　――国際的な金融取引税の導入を視野に入れて

1 はじめに　55
2 金融取引税と有価証券取引税　56
3 我が国の有価証券取引税の導入の背景　62
4 有価証券取引税の推移――有価証券取引税の廃止の背景とともに　70
5 おわりに　81

第4章 タックス・ヘイブンとグローバル金融規制の動向――85

1 課題と構成　85

2　日本におけるタックス・ヘイブン研究の動向　86
　　　3　タックス・ヘイブンの実態　92
　　　4　タックス・ヘイブン規制の動向　101
　　　5　結びにかえて——今後の課題　113

第5章　地球規模での批判的・再帰的自己制御　——119
　　　　——大気の私有化からグローバル・タックスおよび公共財へ

　　　1　はじめに——グローバル気候ガヴァナンスの制度設計に向けて　119
　　　2　地球温暖化　122
　　　3　排出量取引制度　124
　　　4　キャップ・アンド・トレード制度と炭素税の是非　126
　　　5　課税の利点——倫理的、およびグローバル・ケインズ主義的見地
　　　　　からの考察　129
　　　6　地球炭素税の実現性に関する倫理的・政治的考察　133
　　　7　結　論　139

第6章　グローバル・タックスとグローバル・ガヴァナンス——155

　　　1　はじめに——グローバル・ガヴァナンスの改革に向けて　155
　　　2　トービン税機関（TTO）　158
　　　3　持続可能な開発のための連帯基金（FSDD）　160
　　　4　UNITAID（国際医薬品購入ファシリティ）　163
　　　5　グローバル連帯基金（GSF）　166
　　　6　グリーン気候基金（GCF）　167
　　　7　グローバル租税機関とグローバル議会　172
　　　8　おわりに　175

あとがき

第1章

金融取引に対する課税に関する諸構想の比較分析[1]

上村雄彦

1 はじめに——革新的な構想の必要性

　2012年5月、フランス大統領に就任したフランソワ・オランド(François Hollande)は、同年1月に、「私の敵には名前がありません。顔もありません。政党もありません。立候補することも決してありません。代議士として当選することもありません。しかし、私の敵は確かにこの世を支配しているのです。その敵とは、金融の世界です。私たちが見る前で、20年の間に、金融は経済と社会と私たちの命をコントロールするに至ってしまいました。今、金融界は一秒のほんの数分の一の時間で途方もない金額を動かし、諸国家を脅かし、銀行を倒し、企業を外国に追いやることすら可能になってしまったのです」との演説を行っている[2](上村 2014b：77)。

　彼が指摘したのは、大金を株式、債券、為替、デリヴァティブなどに投機的投資をして、利ざやで短期的利益を稼ぐ、いわゆる「ギャンブル経済」の膨張である。2012年の実体経済の規模（世界のGDP総計）が72.22兆ドル（7222兆円。1ドル＝100円で計算。以下同様）であるのに対して、世界の金融資産の規模（証券・債券・公債・銀行預金の総計）は268.6兆ドル、さらにデリヴァティブの資産残高が2012年12月末の時点で632.6兆ドルで[3]、合計すると901.2兆ドル（9京120兆円）となり、実体経済の12.5倍に達した[4]。つまり、この状況、とりわけデリヴァティブ資産の膨張は、巨額の金を動かして巨利を求めるマネーゲームが、世界経済

を「支配下」に置いていることを意味しているともいえる。このギャンブル経済の動きに、国や企業は逆らえない。なぜなら、ギリシャの例からもわかるとおり、逆らえば国債や株式が売りを浴びせられ、価値が暴落し、国家は経済破綻、企業は倒産してしまうからである（佐久間 2002：113；上村 2014b：78）。

　このような状況を是正するためには、グローバルなレベルで適切に機能するガヴァナンスが必要であろう。しかしそのようなガヴァナンスは現在のところ存在しない。あるのは、いわゆる「1％の、1％による、1％のためのガヴァナンス」、すなわち、少数の強国や強者が、大多数の小国や弱者を犠牲にして、自分たちに都合のよいルールを制定するなど、民主性も、透明性も、アカウンタビリティ（説明責任）も欠いたガヴァナンスである（Held 2000；上村 2014b：78-79）。

　ギャンブル経済の膨張と公正なグローバル・ガヴァナンスの欠如は、解決の糸口さえ見えない地球規模課題とも関連している。地球環境破壊、格差や貧困などの地球規模問題を解決するためには巨額の資金が要る。たとえば、国連ミレニアム開発目標（MDGs）を達成するには、現行の政府開発援助（ODA: Official Development Assistance）に加えて年間500億ドル（5兆円）、気候変動対策には年間1950億ドル（19兆5000億円）が必要となるなど（寺島委員会 2010：33）、地球規模問題に処するのに要するコストは、トータルで年間3240億ドル（32兆4000億円）から3360億ドル（33兆6000億円）と見積もられている（Taskforce 2010：4）。しかしながら、現在の「援助疲れ」や先進国の財政状況を考えると、これだけの資金が供給されるとは考えづらい[5]（上村 2014b：78）。

　先進国が財政危機に陥っている一つの理由は、サブプライム・ローン問題を契機に引き起こされた世界金融危機である。この危機は先進国のみならず、途上国の貧困層に大きな打撃与えた[6]。世界金融危機は、投機マネーによって牽引された「ギャンブル経済」の肥大化の結果である（Peyrelevade 2005）。いまやギャンブル経済は、多数の貧困層を犠牲に、少数の富裕層を潤す世界経済を形成している。その結果、わずか85名の富裕層が35億名分の所得を得（Oxfam 2014：2）、0.14％が世界の金融資産の81.3％を所有することとなっている（Tax Justice Network 2012：5）。

これらはODAの増額やバーゼル規制の強化など、従来の政策の延長で解決できるものではないことは明白であろう。つまり、地球規模課題を解決し、グローバルな不公正を是正するためには、従来の政策、構想を超えた革新的な取り組みが求められているのである。

　本章、そしてこれに続く第２章、第３章は、その革新的な構想として、グローバル・タックスの一つである金融取引に対する課税に着目する。グローバル・タックスとは、グローバルな資産や活動にグローバルに課税し、グローバルな活動の負の影響を抑制しつつ税収を上げ、それをグローバル公共財の供給のために、グローバルに再分配する税のシステムのことを指す(Uemura 2007：114；上村 2009b：177)。

　2006年２月にフランス政府は「連帯とグローバリゼーション—革新的開発資金メカニズムに関するパリ会議」を開催し、この会議において史上初のグローバル・タックスとなる航空券連帯税を13ヵ国が実施する旨を表明した。[7] 航空券連帯税とはグローバリゼーションの恩恵を最も受けている人々に課税し、最も受けていない人々に税収を再分配する一つの試みである。具体的には、フランスの場合、国際線のファースト／ビジネスクラスの乗客に40ユーロ(5600円。１ユーロ＝140円で換算。以下同様)、エコノミークラスの乗客に４ユーロ(560円)を課税し、税収をHIV／AIDS、マラリア、結核という三大感染症に苦しんでいる途上国の貧しい人々の治療へのアクセスを向上させるために設立されたUNITAID(国際医薬品購入ファシリティ)と呼ばれる国際機関の資金源にしている(上村 2009b：279-280；2011b：195；2012b：158；2013：250；2014a：133-135)。

　この会議において、「革新的開発資金に関するリーディング・グループ(Leading Group on Innovative Financing for Development)」(以下リーディング・グループと記述する)が創設されたが、その後リーディング・グループは通貨取引税、通貨取引開発税、金融取引税、グローバル通貨取引税など、さまざまな革新的資金メカニズムを議論している。

　気候変動の分野では、2010年に開催された第16回国連気候変動枠組条約締約国会議で、途上国の気候変動対策のために、2020年までに年間1000億ドル(10兆円)を調達するためのグリーン気候基金(GCF: Green Climate Fund)の創設が

決定した。GCFについては第6章で詳しく吟味するが、気候変動の分野においても革新的開発資金のみならず、新たなグローバル・ガヴァナンスの創造が現実味を帯びてきたことを意味している。

　本章は、グローバル・タックスの支柱をなす金融取引への課税を中心に、その構想の変遷について考察を深める。まず第1節では、金融取引への課税について、トービン税、パウル・シュパーン税から通貨取引開発税に至るまで、ガヴァナンスに関する議論も含めてそれぞれの構想を検討する。その上で本論は、一方で金融取引税、他方でグローバル通貨取引税（グローバル連帯税）へと向かう通貨取引開発税以降の議論を分析する。すなわち、第2節では金融取引税の長所と短所を吟味し、第3節でグローバル通貨取引税の詳細を検討する。これらの分析の後、現在導入が最も見込まれる欧州11ヵ国による金融取引税の政治的動向を概観し、構想からその現実化に至る射程を考察したい。なお、グローバル・タックスの導入に伴うグローバル・ガヴァナンスの創設の考察については、第6章で行う。

2　トービン、シュパーンから通貨取引開発税へ

1　トービンからシュパーンへ

　金融取引への課税の議論は、1970年代初頭に、後にノーベル経済学賞を受賞したジェームズ・トービン（James Tobin）によって開始された。トービンは固定相場制から変動相場制に伴う外国為替市場の不安定さを懸念し、以下のように論じた。

> 国家経済と政府は、雇用、産出、インフレにかかわる経済政策の目標を犠牲にするなど、大きな困難を伴うことなしに、大量の外国為替資金の動きを調整することはできない。特に、金融資本の移動性は国の利子率間の有意な相違を制限する。したがって、国内経済に資する通貨・財政政策を追求する中央銀行や政府の能力に深刻な制約をかける。
> （Tobin 1978：154）

　特に、トービンは投機の負の影響について、「為替レートの投機のように、その結果が公の資産の大量のシフトでも、あるいは為替レート自身の大きな変

動でも、深刻かつ時には大きな痛みを国内経済にもたらす」と警告している (Tobin 1978：154)。

そこでトービンは、外国為替市場を安定化させ、各国の経済政策の自律性を維持するために、外国為替市場におけるすべての取引への課税を提案し、それを「あまりにも効率的な国際金融市場の車輪に砂を投げ入れる」(Tobin 1978：154) と表現している。そして、「その税は、とりわけ短期に往復する通貨取引を抑制するだろう」と論じたのである (Tobin 1978：154)。

税収についてトービンは、あくまでも副産物としてみなしており、国際通貨基金 (IMF: International Monetary Fund)、世界銀行、あるいは国際決済銀行 (BIS: Bank for International Settlements) が管理すればよいと考えていた (Eichengreen *et al.* 1995：165-166；Spahn 1995：27；Jetin 2002：14；諸富 2002：143)。換言すれば、税収の使途や税を管理するのに必要となるグローバル・ガヴァナンスについての考察は彼の念頭にはなかったのである。

トービンは「長期的なポートフォリオ選好や利潤の機会に応ずる国際的な資本移動を妨げるのは望ましくない」と主張していたが (Tobin 1978：155)、彼の構想は金融業界や学会から厳しく批判された。その批判のポイントは、①金融市場に対する悪影響 (Atkinson 2004：14)、②１％の課税で投機を抑制できるかどうかわからないという不確かさ (Jetin 2002：64)、③技術的困難 (地球環境税等研究会 2009)、そして④租税回避 (Patomäki 2001：64；諸富 2002：156-157) などである (上村 2014b：80)。

これらの批判を念頭に、トービン税を再定式化したのが、ドイツの経済学者であるパウル・シュパーン (Paul Spahn) であった。この再定式化されたトービン税は通貨取引税と呼ばれている。この税は通常の外国為替取引には0.005%～0.01%の低率の税をかける一方 (１階部分)、設定した変動幅を超える取引に対しては高率の税 (たとえば80%) をかけ (２階部分)、投機を抑え込みつつ、一定の税収を確保する二層課税である (Spahn 1995：n.p.；上村 2014b：80)。この二層課税メカニズムによって、通貨取引税は外国為替市場の安定装置の役割を果たして投機を抑制し、見込まれる巨額の税収でグローバル公共財の供給を行うことが可能になる (Patomäki 2001：137-170；諸富 2002：143；Jetin 2002：59-68；

Uemura 2007：115)。

　シュパーンは、0.02%の税率で500億ドルの税収を見込んでいるが、税収を管理するためのガヴァナンスについては「見込まれる税収は大きすぎて、一つの国際機関や超国家組織だけに任せることはできないだろう」と論じている。それゆえ、税収はたとえば国際機関への一部割当てのような他のさまざまな分配の仕組みを土台に、各国に再分配されるべきだと提言している (Spahn 1995：28)。このように、シュパーンは税収を超国家機関に預けることに対しては懐疑的であるが、この点は後に第6章で吟味する諸構想とは大きく異なっている。

　2001年11月にフランス下院は修正金融法案を審議し、他のEU諸国が同様の税を導入することを条件に、0.01～0.1%という単一税率の通貨取引税を創設することを議決した。法案は上院では可決されなかったが、国家が通貨取引税を実際に導入することを表明した最初の事例となった (Jetin 2002：194-195)。フランスに続いて、ベルギーでは2002年3月に二層構造の通貨取引税法案が国会に提出され (Jetin 2002：194-195)、フランスと同様の条件付きではあったが、2004年7月に可決された。

　しかしながら、ベルギー以降は通貨取引税法案を可決した国は存在しない。このような状況を打破し、通貨取引税を実現させる新たな試みがNGOによって開始された。その一つが通貨取引開発税である。

2　シュパーンから通貨取引開発税へ

　通貨取引開発税とは、「ある特定の通貨にかかわるすべての外国為替取引に、それが世界のどこで行われていようとも、0.005%の税を課す仕組み」である (Hillman et al. 2006：17)。この構想は、2007年2月にオスロで開催された第2回リーディング・グループ総会で披露された (上村 2014b：80)。総会に先立ち、議長国のノルウェー政府は、通貨取引税の実現を活動の柱にするイギリスのNGOネットワークであるスタンプ・アウト・ポヴァティ (SOP: Stamp Out Poverty) に、総会参加国が通貨取引税を議論できる叩き台として、報告書の作成を要請した。その要請にしたがって、SOPのデイヴィッド・ヒルマン (David Hillman)、ソニー・カプール (Sony Kapoor)、ステファン・スプラット (Stephen

ンと異なり、ヒルマンらは具体的な税収の使途を明記している。しかしながら、税収を管理するためのガヴァナンスについては記述がない。

　トービン税や通貨取引税と比較すると、通貨取引開発税は税率が低く、サーキット・ブレーカー機能も備えていないため、投機を抑制し、外国為替市場を安定させるという機能は持たないと思われる。しかしながら、0.005%という低率の課税でも、334.1億ドルの税収を上げることができる可能性がある点、世界のすべての為替市場が一斉に導入しなくても、一つの通貨で単独かつ一方的に実施できる点、さらには導入がうまくいき、目に見える成果が挙がった後に、通貨取引税のようにサーキット・ブレーカー機能を追加できる可能性もあり、通貨取引開発税を導入する意義は大きいと考えられる。

　しかしながら、通貨取引開発税についても、多くの批判がなされている（上村 2009a）。たとえば、2008年9月に環境省の下に設置された地球環境税等研究会は以下の技術的課題を挙げている。まず、複数取引のネットアウト（相殺取引を行うことで、グロス（正味）の取引を捕捉できなくなるようにすること）は捕捉できないという困難であり、次に、多通貨同時決済銀行（CLS: Continuous Linked Settlement）等現行の制度では一部の取引は捕捉が難しく、公平性の確保には技術的な課題が大きいというものである（地球環境税等研究会 2009）。

　これは一つには、たとえ低率であっても通貨取引税が実施されれば、国際銀行間金融通信協会（SWIFT）やCLS銀行を経由しない取引を行う主体が出てくるのみならず、一部の取引はノンデリバラブル・フォーワード（元本の資金を受け渡ししない先物取引＝通貨の交換をしない取引）に移り、グロスの取引は捕捉できず、ネッティングされたものにしか課税できなくなるということだと考えられる（上村 2009a；2009b：225-228；2010：152）。

　通貨取引開発税の是非をめぐる議論は現在も続いているが、世界金融危機を境にして通貨取引開発税を超えた議論が始まっている。その一つが、世界金融危機を引き起こした金融業界に対する市民の怒りを背景に推し進められている金融取引税であり、いま一つがリーディング・グループによって創設された「開発のための国際金融取引に関するタスクフォース」が設置した専門家委員会が提唱しているグローバル通貨取引税である。

第1章　金融取引に対する課税に関する諸構想の

Spratt)は『次のステップに向けて―通貨取引開発税を実施する』と題
書を執筆し（Hillman et al. 2006)、オスロ会議の正式な文書として参加
配布され、会議でも報告された（上村 2009b：206)。

　『次のステップに向けて』は、従来のトービン税や通貨取引税に対
い批判をいかにして乗り越えられるかという問題意識で執筆されてい
がって、「私たちが提案する通貨取引税は、トービン税とは異なるこ
にしておくことが重要である」と明言している（Hillman et al. 2006：
相違は、通貨取引開発税が、①異なる時代に生まれ、②異なる税率
③異なる目的を持つことにある。

　具体的には、トービン税が提案された時の通貨市場は1日当たり
だったのに対して、提案時点での規模は2兆ドルである点、トービ
税率を提案したが、通貨取引開発税の税率はその200分の1の0.0
点、トービンは税収の使途について分野の特定をしなかったが、通
税提案は使途を明確にしている点を説明している（Hillman et al. 20
なわち、報告書は「通貨取引開発税のレゾン・デートルはあくまで
を調達するための道具となるところにある。したがって、その税率
場取引を妨げることなく、取引量のほんの一部をすくい取るように
いる」と論じている（Hillman et al. 2006：14)。

　通貨取引開発税の税収について、カナダの南北研究所のロドニー
ト（Rodney Schmidt)は、0.005％で通貨取引開発税を実施した場合
ドルで283.8億ドル、ユーロで122.9億ドル、円で55.9億ドル、ポ
ドル、すべての主要な通貨で334.1億ドル（3兆3410億円）の税収が
試算している（Schmidt 2007：9-10)。この税収は、シュパーンが
通貨取引税の税収である500億ドルに比べると低いものの、MD
のに必要な追加資金の66.8％に相当する。

　税収の使途について『次のステップに向けて』は、①きれいな
生状態の改善、②保健分野の人材育成、③国連緊急対応中
Nation Central Emergency Response Fund)への支援を提示している
2006；34；Kapoor 2007：4；上村 2010：152)。このように、トービ

3　通貨取引開発税から金融取引税へ

1　ロビン・フッド・タックス・キャンペーン

　通貨取引開発税を提唱していたSOPは、2010年初頭以降、金融取引税の実現を訴えるロビン・フッド・タックス・キャンペーン（Robin Hood Tax Campaign：RHTキャンペーン）に重点を移した。周知のとおり、ロビン・フッドは、中世イングランドの伝説上の義賊で、富める者から財貨を奪い、貧しい者に分け与えたとされる。キャンペーンは、富める金融業界に課税し、税収を貧しい者に分け与えることをロビン・フッドに例えている。

　このキャンペーンの背景には、金融業界が引き起こした世界金融危機が実体経済に大きなダメージを与えているにもかかわらず、イギリスの銀行業界には１兆ドル以上の救済資金が支払われ、幹部が巨額のボーナスを受け取り続けていることがある。これに反感と怒りを覚えた庶民の声を背景に、金融業界に課税を求めるキャンペーンがRHTキャンペーンである。とりわけ、通貨取引をはじめ、すべての金融取引に0.05％の税を課す金融取引税の実現をキャンペーンは目指している。なぜなら、もしこれが現実化すれば、6550億ドル（65兆5000億円）の税収がもたらされると考えているからである。キャンペーンは税収の半分をMDGsの達成と気候変動対策に、残りの半分を課税実施国の貧困対策に振り分けることを提唱している。

　その実現に向けて、キャンペーンはイギリスのみならず、世界中の開発NGO、環境活動家、反貧困団体、労働組合、宗教者団体、女性団体などと連携し、現在110団体以上が参加している。2005年の"Make Poverty History"のスローガンやホワイトバンドのアイデアを出した映画プロデューサーのリチャード・カーチス（Richard Curtis）がこのキャンペーンの基本アイデアを出し、キャンペーンが開設したホームページの動画サイトには、英国アカデミー賞助演男優賞などを受賞したビル・ナイ（Bill Nighy）や、アカデミー賞の主演男優賞を受賞したベン・キングズレー（Ben Kingsley）が主役を演じるなど、一般大衆に効果的なアピールを行っている。キャンペーンはイギリスを超えて各

国に広がり、フランス、ドイツ、イタリア、アメリカ、カナダ、オーストラリアでも実施されている（上村 2012a：300-301；2012b：165-166；2013：255-256）。

2　シュルマイスターの金融取引税

このキャンペーンの学問的主柱の一つが、オーストリア経済研究所の上級研究フェローであるシュテファン・シュルマイスター（Stephan Schulmeister）らが提唱する金融取引税である。シュルマイスターが提唱する金融取引税とは、あらゆる金融資産の取引への課税であり、ケインズ（株式市場）、トービン（外国為替市場）、あるいは過去に実施された有価証券税のように、特定の市場に限定するものではない（Schulmeister *et al.* 2008：1；Schulmeister 2009：2）。

シュルマイスターは金融取引税を提唱する理由について、「まず、経済危機は株価、為替レート、一次産品価格の不安定さによって深められているが、この不安定さは金融取引税によって弱められる。次に、経済危機の結果、財政規律の強化の必要性が劇的に増しているが、金融取引税は政府に多大な税収をもたらす。最後に、実体経済に対する金融取引税の負の影響は、付加価値税の増加など他の税制に比して、ずっと小さい」と説明している（Schulmeister 2009：1；上村 2014b：81-82）。

彼は、金融取引税の効果を明確にするために、「金融取引税に賛同する仮説」を以下のように整理している。

①現在の資産市場は短期的投機が支配しているため、過剰な取引活動（流動性）が存在する。
②最も喫緊の課題は、短期の資産価格の不安定さではなく、長期の不安定さである。なぜなら、短期の投機は資産価格の長期的な振動を生み、基本的な均衡点からの持続的な逸脱をもたらすからである。
③為替レート、株価、利子率、一次産品価格の行き過ぎ（overshooting）は、「企業に対する投機の優位」を促進し、経済成長と雇用を阻害する。
④取引ごとの一律課税は、投機的な取引を短期間にすればするほど取引コストを上昇させるので、資産価格を安定的にする効果を与え、全般的なマクロ経済を改善する。
⑤金融サービスに付加価値税が課税されていないことによってもたらされる歪んだ影響を、金融取引税は補正する。

⑥金融取引税は、財政赤字の補填や、とりわけ超国家レベルでの政策目標の達成などに用いることのできる多額の税収を、政府や超国家機関に提供する。

(Schulmeister 2009：3-4)

　シュルマイスターはこれらの仮説の分析が正しいかどうかを確認するために、金融市場における取引活動と価格ダイナミクス、ならびに資産価格の変動と金融危機の分野で実証研究を行っている。その結果、①金融市場は過剰な流動性と短期のみならず長期における過剰な価格変動性によって特徴づけられていること、②資産市場も過剰な流動性と過剰な価格変動性によって特徴づけられており、そのため株価、為替レート、一次産品価格の基本的な均衡点からの大幅で持続的な逸脱をもたらしていること、そして③「金融津波」の「震源」は株式資産、住宅資産、商品資産の同時切り下げ過程であったことを明らかにしている (Schulmeister 2009：7-10)。

　この研究に基づき、シュルマイスターは、これらの負の影響をなくすための効果的な道具として金融取引税を提唱している。たとえば、金融取引税は取引が短期であればあるほどコストが高くなるので、超短期で長期的にも短期的にも市場に不安定をもたらす取引から発生する過剰な流動性を減少させることを利点として挙げている (Schulmeister 2009：12)。

　金融取引税の税収を試算するに当たり、シュルマイスターは、0.1％、0.05％、0.01％という三つの税率を設定し、同時に0.1％では75％の、0.05％では65％の、0.01％では25％の「取引量減少シナリオ」を想定している。

　2007年の試算によると、中程度の「取引量減少シナリオ」において金融取引税の税収は、0.1％で世界のGDPの1.688％、0.05％で1.205％、0.01％で0.527％となる。2007年のGDPが54兆3500億ドル (5435兆円) であることを考えると、もし主要な国々が金融取引税を導入した場合、0.01％で2860億ドル (28兆6000億円)、0.05％で6550億ドル (65兆5000億円) という巨額の税収が見込まれることになる (Schulmeister 2009：12-15)。

　税収を管理するためのガヴァナンスについて、シュルマイスターは、「そのような税は段階的に実施されうる。金融取引税を実施したい国々は、経費がほとんどかからない国内の取引から始められる (たとえば、グローバルな外国為替市

場のようなディーラー市場における取引と比べて、組織された取引所における取引への課税は容易である）」と論じている（Schulmeister 2009：2）。しかし、もし金融取引税がグローバルな規模で実施された場合、いかなる超国家組織が税を徴収、管理するべきかということについては何ら論を展開していない。

3　G20のアジェンダに

　このように、ガヴァナンスの仕組みは不明であるが、金融取引税は株価、為替レート、商品価格の不安定さを抑制するのみならず、巨額の税収を生み出す可能性を秘めている。それゆえ、SOPが通貨取引開発税から金融取引税の実現に重点を移したことはよく理解できる。

　しかし、金融取引税を提唱し始めたのは市民社会ばかりではなかった。G8（主要8ヵ国首脳会議）のリーダーや金融業界までもが同様の議論を始めたのである。たとえば、イギリスにおいて金融業界を監督する官庁のトップであったアデール・ターナー（Adair Turner）金融サービス庁長官は、「シティ（金融街）における金融業界は肥大化しすぎたばかりでなく、『社会的に無益だ』」と評し、過度の暴利行為を防止するためにシティに対する課税を支持すると表明して、「もし自己資本比率の引き上げで不十分であれば、私は金融取引に対する課税─トービン税─を喜んで考慮する」と言明している[8]（上村 2009b：215；2011b：198；2012a：301；2012b：166）。

　これに対して、イギリスのゴードン・ブラウン（Gordon Brown）首相（当時）は、2009年9月に行われた国連総会とG20（20ヵ国財務大臣・中央銀行総裁会議）金融サミットへの出発前の記者会見で、各国の緊密な協力とタックス・ヘイブン対策の成功が前提と強調しつつ、金融取引税は「検討に値する」と述べたばかりでなく、G20の場で各国に国際通貨取引税の提案を行った（上村 2009b：215-216）。

　同じ時期に、ペール・シュタインブリュック（Peer Steinbrück）ドイツ財務大臣（当時）は、「金融市場参加者の全員が同等の貢献を行うようにするためには、すべてのG20参加国におけるグローバル金融取引税の課税が明らかに適切な手段といえる。すべての金融商品取引に対して0.05％の課税を実施することを目指し、G20が具体的措置を取るように」提案している。

彼は、オーストリア経済研究所の研究に言及し、「0.05％のグローバル・タックスは年間世界のGDPの1.4％、すなわち6900億ドルの税収を上げる。G20が団結して立ち上がれば脱税行為は不可能に近いし、市場を大幅にゆがめる作用もない」と論じた上で、「グローバル金融取引税を進める論拠は明らかである──この税は公正であり、害にならず、多くの利益をもたらす。もしこの案より適当な、公正な負担共有の方法があるならば、聞かせてもらいたい。もしないのならば、この税をただちに導入しようではないか」と主張したのである[9]（上村 2011b：197-198；2012a：301；2012b：167）。

4　IMFと欧州委員会による金融取引税批判

　金融取引税の実施を求める声が高まる中で、G20はIMFに金融取引税の導入を含めて、世界金融危機のコストに対して金融セクターがいかなる貢献ができるかという課題について調査するように求めた。この要請に応えて、2010年6月にIMFは「金融セクターによる公正で実質的な貢献」と題する最終報告書をG20に提出した。

　報告書の中で、IMFは金融取引税について批判的に分析し、「金融取引税はG20のリーダーの権限において与えられた特定の目的に合致していないようである」と結論づけている（IMF 2010：19）。その理由はまず、金融取引税はこれまで議論してきたような解決のメカニズムの資金源として、最適の方策ではないからである。次に、金融取引税は金融の不安定さの核心に焦点を当てていない。すなわち、金融取引税は、システミック・リスクの原因となる組織の大きさ、相互連関性（interconnectedness）、そして代替可能性という鍵になる特質を対象にしていない。さらに、金融取引税の負担の多くは、一般に想定されている金融セクターの利潤ではなく、むしろ金融の消費者に降りかかるからである（IMF 2010：19-21）。

　金融取引税がIMFの報告書の目的と合わないこと以外に、IMFは金融取引税についてさらなる欠陥を指摘している。まず、金融取引税は金融取引をより安全性の低いチャンネルへと移動させる。次に、金融工学による租税回避に脆弱である。たとえば、ビジネス間ではなく、むしろビジネス内部での取引が発生

しうる。第三に、金融取引税の提唱者は、金融取引税が投機バブルの原因となる短期取引を減少させる機能を強調するが、「望ましくない」短期取引と「望ましい」それとを区別することは容易ではない。最後に、金融取引税は市場価格の変動性を必ずしも減少させるわけではない (IMF 2010：19-21)。

このように、IMFは金融取引税に批判的であり、G20に対して、信頼でき効果的な解決策とリンクした「金融安定貢献 (FSC: Financial Stability Contribution)」や、金融機関の利益や報酬の総額に課税し、一般財源に充てる「金融活動税 (FAT: Financial Activities Tax)」など、別の方策を検討するように提言している (IMF 2010：5)。

欧州委員会も金融セクターへの課税を研究し、2010年7月に「金融セクター課税」というタイトルでスタッフによる作業報告書 (Commission Staff Working Document) を刊行している。この報告書は金融取引税の長所と欠点を評価しているが、欠点の分析に重点がおかれている。

まず、報告書はデリヴァティブに対して適切な方法で課税する困難さを指摘している。金融取引税の80〜90％の税収はデリヴァティブ取引に対する課税から徴税されるが、デリヴァティブの取引価値の決定は複雑であるとしている (EC 2010：11, 15)。第二に、報告書は金融取引税の提唱者たちが短期取引は投機的で市場に有害であることが多いと主張している点について、IMFのように、単に取引の時間の長さだけに基づいて有益な取引から有害なそれを区別するのは不可能であると論じている。その上で、短期的取引は裁定取引が取引価格を平準化し、取引相手を見つけることを可能にする機能を備えているとし、短期的取引を擁護している (EC 2010：14)。第三に、報告書は金融取引税の実現可能性についても懐疑的で、「金融取引の複雑さを考えると、金融取引税の影響と実現可能性は多くの場合不確実である」と表現している (EC 2010：14)。最後に、報告書は租税回避の可能性についても触れ、「租税回避のリスクは地理学的にも存在する。なぜなら取引の幾分かは税が適応されない管轄地へと移動するからである」と論じている (EC 2010：14)。

実は両機関とも、その後金融取引税に対して積極的な評価を下し始めるのであるが、とりわけ欧州委員会の大転換、すなわち、2011年9月に欧州金融取引

税の実施を求めるEU指令案を提示したことについては、本章の最後に触れることにしたい（詳細は第2章を参照）。

4 金融取引税からグローバル通貨取引税（グローバル連帯税）へ

1 開発のための国際金融取引に関するタスクフォース

　金融取引への課税はリーディング・グループの主要なテーマの一つであった。そこで、金融取引への課税の技術的実現可能性を詳細に分析するために、リーディング・グループは2009年10月に「開発のための国際金融取引に関するタスクフォース」を創設した。タスクフォースは、専門的な観点から研究を進め、報告書を準備するために、9名の国際専門家からなる専門家委員会を設置した。[10] 世界各地での専門家ヒアリングも含めて、9ヵ月間にわたる調査と議論の末、2010年7月に専門家委員会は最終報告書を完成させ、タスクフォースはそれを承認した。

　「連帯のグローバル化─金融税の事例」と題された報告書は、まずIMFや欧州委員会の報告書とは異なる目的で書かれたことを強調している。すなわち、IMFや欧州委員会の報告書は、いかにして金融セクターが世界金融危機のコストを払うのに貢献できるかという観点からその方法を探るのが目的だったのに対し、タスクフォース報告書の目的は、「国際開発と環境問題を解決するために必要な巨大な資金不足という忘れ去られた金融危機に立ち向かうこと」であった（Taskforce 2010：4）。

　また、報告書は資金不足という危機を「グローバル連帯ジレンマ」と呼ばれるものに直接結びつけている。この点について、報告書は以下の説明を行っている。

> グローバル経済の成長はグローバル公共財を支払うためのグローバルな経済活動に課税する効果的な手段と結びついていない。もしグローバル・コミュニティが必要とされる緩和・適応策に資金を調達できなければ、私たちはグローバルな経済的、財政的、社会的、環境的不安定という共通のリスクに直面し、グローバリゼーションの土台を掘り崩すことになる。専門家委員会は、このジレンマの解決は持続可能な方法で資金

の不足を埋め合わせる際の中心課題とみなしている。

(Taskforce 2010：4)

　このような観点から、報告書は四つの基準を用いて、五つの選択肢を分析している。五つの選択肢とは、①金融セクター活動税、②金融サービス付加価値税、③金融取引税、④通貨取引開発税、⑤グローバル通貨取引税(グローバル連帯税)である。

　報告書はこれらの選択肢について、①十分性(見込まれる税収が意味のある貢献をするのに十分か)、②市場への影響(市場の歪みや租税回避が受け入れられる程度か)、③実施可能性(法的・技術的課題が十分に克服されるか)、④持続可能性と適切性(税収の流れが相対的かつ長期的に安定しているか、財源がグローバル公共財を満たすのに適切か)という観点から分析している(Taskforce 2010：4)。 紙幅の都合上、この節では中でも③金融取引税と④通貨取引開発税に関する報告書の分析に焦点を当てることにする。

　報告書は金融取引税を前向きに評価し、「金融取引税は包括性という明らかな長所がある。 非常に大きい税収が見込まれるからだ」と論じつつ、同時に金融取引税の短所も指摘している。 それは、「租税回避はいずれ解決されうるが、(金融取引税の課税対象が非常に広いので)幅広くカバーするメカニズムの技術的・法的実施可能性は不確かなままである(括弧内は筆者による挿入)」(Taskforce 2010：5)というものである。

　次に、報告書は、金融取引税は「徴税に際しての地理的不均衡」ならびに「国内税収問題」という課題を抱えていることを指摘している。「徴税に際しての地理的不均衡」とは、主要な国際金融センターを擁する国々のように、課税が特定の国々に不均衡に悪影響を与えることを言う(Taskforce 2010：18)。「国内税収問題」とは、金融取引税は実施国内において貴重な財源を生み出すが、徴税された税収がグローバル公共財の供給のための超国家組織に分配されうるのかどうかが不確かであることを指す(Taskforce 2010：18)。

　それゆえ、報告書は、「金融取引税は特定の管轄地で特定の財政ないし規制政策のためにはふさわしいかもしれないが、グローバルなレベルでグローバル公共財に資金を提供する目的にはあまり適切ではない」との結論を出している

(Taskforce 2010：5)。

それでは、④の通貨取引開発税はいかがであろうか？ 報告書は、通貨取引開発税は技術的にも実行可能であるばかりでなく、政治的な実行可能性の面でも利点を持っていると評価し、「すべての国が採択し実施しなくても、いかなる国、志を共にする国々、通貨圏が一方的に導入できる」と主張している(Taskforce 2010：5)。

他方、専門家委員会は通貨取引開発税の弱点について、国内の財政的圧力のために、やがて課税ベースが侵食されるかもしれないという理由で、徴税のベースを国内に持つ通貨取引開発税について税収の安定性という観点から問題を指摘し(Taskforce 2010：5)、以下のような説明を加えている。

> 通貨取引開発税の提唱者たちは、税収が何らかの形態の国際組織に上納されることを想定していると思われるが、国内における財政的圧力がこのプロセスを掘り崩すかもしれないという明らかな危険がある。このことは、グローバル公共財に資金を供給する財源として、実施国での徴税を内包する通貨取引開発税の長期的な予測可能性と安定性に疑問を投げかけるものである。
>
> (Taskforce 2010：21)

報告書は①と②の選択肢にも批判的であるので、最終的には最後の選択肢であるグローバル通貨取引税(グローバル連帯税)を提唱するに至っている。

2 専門家委員会の提案

グローバル通貨取引税(Global Currency Transaction Levy)とは、グローバルな通貨決済時にすべての主要な通貨市場上の外国為替取引に課税を適用するものである。[11] 通貨取引開発税と異なり、このオプションは本質的に多国間のものとなる。なぜなら、グローバル通貨取引税は、通貨のいかんにかかわらず、CLS銀行(多通貨同時決済銀行)のような集中管理システムを通じて決済されるすべての取引に課税するからである(Taskforce 2010：21)。

グローバル通貨取引税の鍵であるCLS銀行は、外国為替取引の決済により確実性をもたらすために、中央銀行と大手銀行からなるコンソーシアムによって2002年に創設された。CLS銀行は決済インフラのグローバルなハブであり、決

図表1　グローバル通貨取引税の税収と取引量の減少（2009年の見積り）

	シナリオ1	シナリオ2	シナリオ3
年間の税収見積（10億ドル）			
ドル	28.63	29.42	21.34
ユーロ	12.75	13.13	9.22
円	5.76	5.94	4.12
ポンド	4.47	4.57	3.57
グローバル	33.47	34.38	25.00
取引量の減少（％）			
スポット	14.60	14.60	14.60
フォーワード	14.60	11.68	14.60
FXスワップ	14.60	9.73	50.93

出所：Taskforce (2010) p.22.

済リスクを減少させるために世界17の主要通貨のネッティング（相殺取引）と決済サービスを提供している。これらの通貨はグローバルに取引される通貨のすべての価値の94％を占めている（CLS Bank 2011：1）。

　CLS銀行には59の銀行が加盟しており、これらの銀行がCLS銀行を所有するCLSグループの株主である。7070の機関がCLS銀行のサービスを利用している。うち6620が投資ファンドであり、450が銀行、企業、その他のノンバンク金融機関である（Taskforce 2010：40）[12]。

　専門家委員会はCLS銀行を通じてなされる決済ごとに0.005％の課税を行うことを提唱しており、異なるシナリオの下で税収の試算を示している（図表1）。シナリオ1はスプレッド（レートや価格の差）がスポット（直物取引）、フォーワード（先物取引）、FXスワップ（異なる通貨の交換取引）ともに、すべての市場で同じと仮定する。シナリオ2は、先物取引市場の流動性が最も低いという事実を反映して、先物取引とFXスワップのスプレッドの大きさが直物取引に対してそれぞれ50％と25％増えていると仮定する。シナリオ3は3つの市場を通じて均一のスプレッドを想定するが、FXスワップの弾力性を大きく増加させると仮定する。そうすると、それぞれのシナリオに応じて、グローバル通貨取引税は年間250億ドル（2兆5000億円）から343億8000万ドル（3兆4380億円）の税収を生むと試算される（Taskforce 2010：22-23）。

　税収の使途について、専門家委員会はそれを国際開発や環境問題に用いるべ

きであるが、特に保健、教育、飢餓、食糧危機など長期にわたって安定した資金が必要な分野に投入されるべきだと主張している。また、委員会は、途上国が低炭素型開発の道へ舵を切ることを可能にするために、気候変動の適応と緩和にも税収を使うべきであると提案している（Taskforce 2010：29）。

　トービン、シュパーン、シュルマイスターなどと異なり、専門家委員会はガヴァナンスについても革新的な構想を提示している。その構想とは、グローバル通貨取引税の税収を各国の国庫を経由させず、直接新たに創設される超国家機関である「グローバル連帯基金（Global Solidarity Fund）」に上納するというものである。そのガヴァナンスの仕組みは第6章で検討するが、グローバル連帯基金は「諮問フォーラムとともに、市民社会やビジネスセクターも含めた幅広いステークホルダーから構成される意思決定機関を持つ独立した信託基金として設立することができる」とされる（Taskforce 2010：31）。

　報告書は第五の選択肢、すなわちグローバル通貨取引税を高く評価しているが、その理由は、それが技術的に可能で、金融市場を歪めることなく十分な税収を生み出すのみならず、既述した「グローバル連帯ジレンマ」を解消させうるからである。この点について、報告書は以下のように論じている。

> 金融業界は経済活動のグローバル化から過剰な恩恵を受けているので、多大なコストを負うのは当然だが、コストの重荷はグローバルな金融と経済活動が決済機関を通じることによって、波紋のように広がっていくだろう。税はグローバル金融センターを擁する国々によって不均衡に徴収されるわけではなく、グローバル公共財の支払いのために、グローバルな活動に広く負担されるだろう。また、グローバルな徴税メカニズムは、「国内税収問題」を回避し、安定を確固としたものにするだろう。
>
> 　　　　　　　　　　　　　　　　　　　　　　　　　　（Taskforce 2010：5）

　グローバルな活動にグローバルに課税し、税収も直接グローバル連帯基金に納められ、この機関を通じてグローバル公共財のために税収がグローバルに分配され、グローバル連帯ジレンマを解消する―これこそが「国際」連帯税を超えた「グローバル」連帯税であると呼ばれる所以であり、他の選択肢に比して優れているとみなされる理由である。

　しかしながら、小川英治は2010年9月に開催された政府税制調査会におい

て、グローバル通貨取引税について、租税回避との関連で四つの欠点を挙げている。小川によると、CLS銀行を通じた外国為替取引はすべての取引の約60%であるので、CLSを利用しない金融機関は課税されないことになる。[13] 次に、多くの取引が特に多国籍企業の場合に、企業グループ内取引に移行する可能性が挙げられる。すなわち、それはネッティング後の取引のみがCLS銀行を通じて課税されることを意味する。第三に、グローバル通貨取引税はヘルシュタット・リスク（通貨取引決済時の時差リスク）の可能性を高める。なぜなら、グローバル通貨取引税は市場の参加者にCLS銀行を利用しないように誘導し、結果としてこのようなリスクの可能性を上げてしまうからである。最後に、CLS銀行を通じての取引が減少することで、課税ベースが縮減し、税収も減ることになる（政府税制調査会 2010：8）。

　これらの批判に対して、専門家委員会は、CLS銀行の利用回避を防ぐ方策は容易に導入できるとみなしており、「市場の傾向として集中決済システムを利用する方向にあるのみならず、それを奨励するための議論が金融の規制改革の方向性となっている」と論じている。したがって、専門家委員会の結論は、グローバル通貨取引税を避けるということは、法的保護があり、リスクを回避でき、集中的に決済が行われる、最も流動性のある市場を利用しないということであり、そこから逃げる利益はあまりにも小さく、逆にコストは非常に大きい。したがって、租税回避は重大な規模では起こらないというものである（Taskforce 2010：29）。

　この後説明する寺島委員会も専門家委員会の結論に同意し、以下のように論じている。

> この問題は、経済効果とリスクの関数である。とりわけ、通貨取引に関わるさまざまなリスクを回避するために、ネット決済からグロス決済に移行してきた経緯があり、RTGSやCLSはそのために設立され、取引を大幅に増やしている。前述のとおり、自己資本比率の上昇などとの合理的な選択を促す政策ミックスがあり、かつネットからグロスへ行く環境づくりを行えば、問題は解決する。
>
> （寺島委員会 2010：28）

3　寺島委員会

　2000年初頭来、日本においてグローバル・タックスについての議論が、市民社会、研究者、国会議員、政府などさまざまな主体によってなされてきた。その一つの成果が、国際連帯税推進協議会の創設である。協議会は2009年4月に創設され、三井物産戦略研究所会長（当時）、日本総合研究所会長、多摩大学学長である寺島実郎が座長を務めていたため、通称「寺島委員会」とも呼ばれた。

　メンバーは研究者5名、NGO5名、国会議員1名、労働組合1名、金融業界1名から構成され、外務省、財務省、環境省、世界銀行がオブザーバーとして参加した。寺島委員会の目的は、国際連帯税、とりわけ通貨取引税の実現方法、税収の具体的使途、ガヴァナンスを検討し、その立法化を目指すことであった（寺島委員会 2010：1）。約1年半の間に11回の協議会が開催され、6回の専門家ヒアリングが行われた。2009年12月に、協議会の中間報告書が完成し、岡田克也外務大臣（当時）、菅直人財務大臣（当時）に手交されている。

　中間報告書の作成以降、寺島委員会はリーディング・グループのタスクフォース専門家委員会との連携を深めつつ調査、議論を進め、2010年9月に『環境・貧困・格差に立ち向かう国際連帯税の実現をめざして——地球規模課題に対する新しい政策提言』と題する最終報告書を刊行している（寺島委員会 2010）。最終報告書はタスクフォース専門家委員会の提案を支持し、日本政府に0.005％のグローバル通貨取引税（グローバル連帯税）の導入とグローバル連帯基金の創設を提案している（寺島委員会 2010：54-55；上村 2012b：167）。

　このように、グローバル通貨取引税（グローバル連帯税）とグローバル連帯基金は、二つの組織によって提案されるに至った。しかしながら、政治的にはグローバル通貨取引税は現在のところ主流となっておらず、むしろ金融取引税が実現可能性を高めている。

5　結びにかえて——金融取引税の今後

　本章は、金融取引への課税を中心に、グローバル・タックスに関する研究の変遷について辿ってきた。本章の暗示的なテーマは、金融取引への課税が持続

可能な発展に必要な資金を創出し、金融市場を制御するための有益な手段を提供するのみならず、現状のグローバル・ガヴァナンスをより民主的に、透明に、アカウンタブルにし、公正な持続可能な世界の実現に貢献するかどうかを探求することであった（グローバル・ガヴァナンスについては第6章で考察する）。

トービン、シュパーン、SOP、シュルマイスターからタスクフォース専門家委員会に至るまで、それぞれの提案の長所と短所を議論し、ガヴァナンスについても簡単に触れてきた。これまでの議論と分析から、いくつかの考察が可能である。

第一に、本章で検討したすべての研究は、もし金融取引への課税が導入された場合、きわめて大きな税収が見込めることを示している。すなわち、地球規模課題の解決に必要な資金のかなりの部分は、金融取引への課税、とりわけ金融取引税によって充当されうる。

第二に、金融取引への課税の導入が金融市場を制御する効果的な手段になるかどうかは一概に断言できないが、その可能性が税の種類によって異なることを理解する必要がある。一番可能性が高いのは金融取引税と通貨取引税である。他方、通貨取引開発税やグローバル通貨取引税はその可能性が低い。しかし、そのことは逆に、他の選択肢と比べて、通貨取引開発税やグローバル通貨取引税は金融市場への影響が少ないと見られる分、導入が容易となる可能性がある。

第三に、通貨取引開発税とグローバル通貨取引税を比較した場合、グローバル通貨取引税の方が、実施通貨から非実施通貨への租税回避や「国内税収問題」が生じない分、優れていると考えられる。つまり、グローバル通貨取引税はすべての主要通貨に対してグローバル決済の時点で一斉かつ集中的に課税するので、非実施通貨への租税回避は起こりづらい。また、既述のとおり、グローバル通貨取引税は持続可能な世界の実現を目指すに当たり障害となっているグローバル連帯ジレンマも解消する潜在性があるので、その意味でも有望と考えられる。

第四に、グローバル・タックスの導入が、グローバル・ガヴァナンスをより民主的、透明、アカウンタブルにする可能性は第6章で取り上げるが、専門家

委員会が提唱するグローバル連帯基金は、その可能性の一つを体現するものとしてさらに深く研究されるべきであろう。

したがって、本章の結論の一つは、グローバル連帯基金とセットになったグローバル通貨取引税を推進すべきであるというものである。なぜなら、①それは技術的に実行可能であり、②金融市場に大きな負の影響を与えることなしに、地球規模問題に対処するための資金を生み出し、③実施国（通貨）から非実施国（通貨）への租税回避を回避し、④グローバル連帯ジレンマを解消し、⑤現在よりもより民主的で、透明で、アカウンタブルなガヴァナンスを創り出す萌芽となりうるからである。これらすべては、持続可能で公正な世界の創造に向けての一つの土台を提供することになるだろう。

とはいえ、通貨取引税や金融取引税は忘れ去られてもよいということではない。とりわけ、金融取引税は通貨取引から商品取引も含めて他の金融取引への租税回避を防止するのみならず、グローバル通貨取引税が創出する数十倍以上の税収を生み出すことに鑑みると、最も理想的な金融取引に対する課税だと考えられる。しかし、だからこそ、金融取引税は政治的には最も実現がむずかしいと考えられてきた。

ところが、現在状況が大きく動いている。当時フランス大統領であったニコラス・サルコジ（Nicolas Sarközy）は、2010年9月に開催された国連MDGsレヴューサミットや2011年2月のG20財務大臣会合で金融取引税を提唱し、G20会合では、「フランスの場合、金融取引へのきわめて小額の課税は公正で、有益で、効果的であると確信している」と述べ、志を同じくする国々は実現に向けて前進し、そうでない国々は「しばらく考え続ける」よう提案している。特に金融取引税については、「世界金融危機をあれほどの規模で起こした者たちが危機によって最も苦しめられた貧しい国々の発展にわずかな貢献をすべきだと考えるのは、公正でもなく、理解可能でもなく、道理にもかなっていないのだろうか」と述べている（上村 2012b：168）。[14]

そして、2011年9月28日に歴史の歯車が大きく回ることになる。この日欧州委員会は、EU加盟各国に対し、欧州金融取引税を2014年1月に導入するEU指令案を提示したのである（EC 2011；上村 2014b：93。その背景・理由については、

第2章を参照のこと)。欧州金融取引税とは、EU域内居住者である金融機関、または取引相手がEU域内居住者である場合のEU域外の金融機関等が行う株式と債券取引に0.1％、デリヴァティブ取引に0.01％を課すものである（上村 2013：251）[15]。

　欧州金融取引税の主要な目的は、①金融セクターに公平な負担を求めること、②EU各国間の関連税制の統一化を図ること、③金融市場の効率性を損なう取引を抑制すること、④各国の財政再建、ならびにEU全体の共有財源を確保すること、⑤税収の一部を開発資金や気候変動に充当することである。予想される税収は570億ユーロ（7兆9800億円）とされている（EC 2011：2-11；上村 2013：251-252；2014b：93；金子 2013：127-128；是枝 2012：3, 5, 13）。

　欧州委員会の提案について、EU内では対応が大きく分かれた。2012年1月に、イギリスのデイヴィッド・キャメロン（David Cameron）首相は、「欧州が経済成長の達成に苦労するなかで、欧州全域にわたる金融取引税を導入するなど、検討するだけでも狂気の沙汰だ」と述べ、「同税導入により2000億ユーロの経済コストが発生し、50万人の雇用が失われる可能性がある」として、強硬に反対した。これに対し、欧州委員会のアルギルダス・シェメタ（Algirdas Šemeta）委員（税制・関税同盟・会計検査・不正対策担当、元リトアニア財務相（当時））は、「納税者には金融セクターに対して国家財政への公正な貢献を求める正当な権限がある」と述べ、「われわれはこの提案を推進し続ける。当局による影響評価を間違って解釈する人々には反論していく」と主張した。サルコジ大統領も、「現在の状況を招いたのは自由化された金融業界であり、現状復旧に参加させない理由はない」と語り、欧州委員会案を擁護した（上村 2013：252；2014b：94）。

　欧州金融取引税に対する政治的な鞘当てが続く中、2012年5月に欧州議会本会議が開催され、同税に関する欧州委員会への勧告案が、賛成487、反対152、棄権46で採択された。同年8月には、フランス単独での金融取引税法案を議会が可決し、同月から実施が始まった。さらに、同年10月にEU財務相会議が開催され、金融取引税についてドイツ、フランスを含むユーロ圏11ヵ国が「強化された協力」の枠組みを用いて、導入の意向を示し、同月欧州委員会がこれを

承認、12月に同委員会が欧州議会に提案し、圧倒的多数で採択された。そして、2013年1月22日、本書の「はじめに」でも述べたように、11ヵ国による金融取引税が欧州財務相会合で議論され、採択されたのである。その後、スロベニアで首相が変わったため、スロベニアはこの枠組みから一時的に抜けることとなったが、「夢物語」と思われた複数の主要国による金融取引税は近い将来現実化する見通しとなったのである（上村 2013：252）。

もちろん、ここで「物語」が終わったわけではない。その後、イギリスは同年4月に欧州金融取引税は違法であると欧州司法裁判所に提訴し、EU理事会の法案審査当局も9月にその違法性を指摘した[16]。また、金融ロビー、中央銀行、アカデミア、金融業界がスクラムを組み、入念な準備の上、金融取引税に対する巻き返しも激しく行われた[17]。その結果、この金融取引税は段階的に導入されることとなり、第一段階では課税対象が限定される見通しである[18]。

最終的に、EU10ヵ国による金融取引税は、2014年5月6日の欧州財務相会合で、遅くとも2016年1月1日までに導入されることが合意され、2014年11月現在、その中身についての議論が続いている（上村 2014b：95-96）。したがって、今後ヨーロッパにおける金融取引税の動向をフォローする必要がますます増しているが、以下の点はとりわけ注目していかなければならないだろう。それは、まず税の課税範囲と税率に関するものである。すなわち、金融セクターのロビー活動が活発化する中で、欧州委員会の提案どおりの課税対象と税率が、たとえ段階的導入になったとしても最終的に維持されるかどうかである。

次に、税収の使途である。欧州委員会の案では、使途先は参加国が決定することとなっており、税収が気候変動や貧困など、地球的課題に充当されるかどうかは保証されていない[19]。この点に関して、2013年6月に、ベルギー、フランス、ドイツの開発大臣が連名で、金融取引税の使途は気候変動や貧困に充当されるべきであるという声明を出しているが[20]、その声明どおりになるかどうか、もしそうなったとして、どの程度の割合が地球規模課題に回されるかを注意深く見守る必要がある。

第三に、上記の点とも関連するが10ヵ国による金融取引税が実現された暁には、同時にそのガヴァナンスも確立されなければならない。つまり、実施国が

税収の一部を上納する超国家機関の創設が、地球規模課題のために税収を充当するには必要不可欠である。この点は第6章も参照されたい。

最後に、ヨーロッパの他国、そして日本を含む先進国が金融取引税に加わるかどうかの見通しである。現在、10ヵ国以外の先進国は、そのような関心を見せていない。しかし、金融取引税が本当の意味で効果を発揮するためには、税収の面でも、実行可能性の面でも、将来的に主要国の参加が欠かせない。したがって、世界で3番目の強さの国際通貨を持つ日本がどのような選択をするかは、金融取引税の今後を決定づける可能性があり、大きな意味を持つことになるだろう。

【注】

1） 本章は、Uemura, Takehiko (2012) "From Tobin to a Global Solidarity Levy: Potentials and Challenges for Taxing Financial Transactions towards an improved Global Governance", *Économie Appliquée*, tome LXV, 2012, n° 3, pp.59-94の前半部分を和訳し、大幅に加筆・修正を加えたものである。
2） Discours de François Hollande au Bourget 2e partie, http://www.dailymotion.com/video/xnwrru_discours-de-francois-hollande-au-bourget-2e-partie_news, last visited, 8 June 2012.
3） 内閣府 (2014)「国際金融センター、金融に関する現状等について」、www5.cao.go.jp/keizai-shimon/kaigi/special/future/wg1/.../shiryou_02.pdf, last visited, 20 August 2014.
4） Bank for International Settlements (BIS), http://www.bis.org/statistics/derstats.htm, last visited, 20 August 2014. ちなみに、同じくBISによると、2013年12月末時点でのデリヴァティブの取引残高は、710兆ドル（7京1000兆円）となっており、ギャンブル経済がさらに膨張していることがうかがえる。
5） とりわけ、東日本大震災とそれに伴う原子力発電所の事故処理を抱える日本は、これから長きにわたってODAを減らすことはあっても、増やすことは困難だと思われる。
6） "Global Monitoring Report 2009: A Development Emergency". http://web.worldbank.org/WBSITE/EXTERNAL/EXTDEC/EXTGLOBALMONITOR/EXTGLOMONREP2009/0,,menuPK:5924413~pagePK:64168427~piPK:64168435~theSitePK:5924405,00.html, last visited, 30 November 2009.
7） 現在、実施している国々は、フランス、チリ、カメルーン、コンゴ、マダガスカル、マリ、モーリシャス、ニジェール、韓国である。さらに、ノルウェーが航空券燃料税の税収をUNITAIDに拠出している。

8) *The Guardian*, 27 August 2009.
9) *Financial Times*, 24 September 2009.
10) 専門家は以下のメンバーから構成された。Michael Izza (Chief Executive of the Institute of Chartered Accountants in England and Wales); Professor Lieven Denys (FreEUniversity of Brussels); Professor Stephany Griffith-Jones (Initiative for Policy Dialogue, Columbia University); Professor Thore Johnsen (Norwegian School of Economics and Business Administration); Dr. Inge Kaul (Adjunct Professor Hertie School of Governance); Professor Mathilde Lemoine (Sciences Po Paris and Economic Analysis Council of France); Dr. Avinash Persaud (Chairman, Intelligence Capital); Professor Marcio Pochmann (Institute of Applied Economic Research); and Professor Takehiko Uemura (Yokohama City University).
11) 専門家委員会の報告書では、「集中徴税多通貨取引税 (a centrally collected multi-currency transaction tax)」とも表現されている。
12) 2014年時点では、65の銀行が加盟し、1万1000以上の機関がCLSを利用して取引を行っている。CLS URL, http://www.cls-group.com/Pages/default.aspx, last visited, 23 August 2014.
13) CLS銀行によると、現在の市場占有率は2011年2月の時点で68％である (CLS Bank 2011：1)。
14) Nicolas Sarközy's speech to the G20 Ministers of finances on 18 February 2011. http://www.g20-g8.com/g8-g20/g20/english/for-the-press/speeches/nicolas-sarkozy-s-speech-to-the-g20-ministers.971.html, last visited 6, March 2011.
15) ここで注意すべきは、欧州金融取引税は通貨の直物取引 (スポット) に対する課税を含めていないことである。したがって、シュルマイスターの提唱する「包括的な」金融取引税とは若干趣きを異にする。
16) 2014年4月30日に、欧州司法裁判所は、10ヵ国での金融取引税導入に対するイギリスの異議申し立てについて、これを棄却している。
17) オーストリア経済研究所のシュテファン・シュルマイスターへのインタヴュー (2014年9月1日、於：ルビー・ソフィー・ホテル・ウィーン)。
18) 欧州委員会・環境税ならびにその他の税制課のカロラ・マッジーウリ (Carola Maggiulli)、ならびにボグダン－アレクサンドル・タスダニ (Bogdan-Alexandru Tasdani) へのインタヴュー (2014年9月3日、於：欧州委員会)。
19) 同上。
20) http://www.leadinggroup.org/article1183.html, last visited, 23 August 2013.

〔参考文献〕
○日本語文献
上村雄彦 (2009a)「国際連帯税の課題——通貨取引開発税が抱える技術的な課題を中心に」

『シナジー』No.143、26-29頁
上村雄彦（2009b）『グローバル・タックスの可能性——持続可能な福祉社会のガヴァナンスをめざして』ミネルヴァ書房
上村雄彦（2010）「地球環境税の可能性——気候変動レジームと国際連帯税レジームの交差の中で」、倉阪秀史編著『環境——持続可能な経済システム』勁草書房、139-160頁
上村雄彦（2011a）「NGOによる開発支援の変化——先進国NGOの5世代理論と現在の動向」中村都編著『国際関係論へのファーストステップ』法律文化社、155-162頁
上村雄彦（2011b）「より公正な世界をめざして——国際連帯税と世界社会フォーラムを中心に」中村都編著『国際関係論へのファーストステップ』法律文化社、194-201頁
上村雄彦（2012a）「NGOと開発協力——MDGsの達成とNGOの可能性」勝間靖編著『テキスト国際開発論』ミネルヴァ書房、288-304頁
上村雄彦（2012b）「地球規模課題を解決するには？——グローバル・タックスの可能性」三上貴教ほか編著『国際社会を学ぶ』晃洋書房、155-169頁
上村雄彦（2013）「金融取引税の可能性——地球規模課題の解決の切り札として」『世界』844号、248-256頁
上村雄彦編著（2014a）『グローバル協力論入門——地球政治経済論からの接近』法律文化社
上村雄彦（2014b）「金融取引に対する課税とグローバル・ガヴァナンスの展望——グローバルな不正義を是正するために」『横浜市立大学論叢』65巻、人文科学系列2・3合併号、77-104頁
金子文夫（2013）「グローバル危機と金融取引税」『新ピープルズ・プラン』60号、127-134
是枝俊悟（2012）「EU・フランスの金融取引税（FTT）の分析〈現物取引編〉」大和総研。
佐久間智子（2002）「日本に住む私たちは、WTOをどう捉えたらよいのか」ジョージ、スーザン『WTO徹底批判！』杉村昌昭訳、作品社、107-118頁
政府税制調査会（2010）「国際課税に関する論点整理」内閣府、http://www.cao.go.jp/zeicho/etc/2010/__icsFiles/afieldfile/2010/11/18/221109houkoku.pdf, last visited, 3 March 2011
地球環境税等研究会（2009）『平成20年度地球環境税等研究会報告書』
http://www.env.go.jp/council/40chikyu-tax/r400-01.pdf, last visited, 10 June 2009
寺島委員会（2010）『環境・貧困・格差に立ち向かう国際連帯税の実現をめざして——地球規模課題に対する新しい政策提言』国際連帯税推進協議会最終報告書
諸富徹（2002）「金融のグローバル化とトービン税」『現代思想』30巻15号、142-164頁

○外国語文献
Atkinson, Anthony Barnes (2004) *New Sources of Development Finance: Funding the Millennium Development Goals*, Helsinki: United Nations University World Institute for Development Economics Research (UNU-WIDER).
CLS Bank (2011) "CLS Market Share". http://www.cls-group.com/SiteCollectionDocuments/CLS%20market%20share%20Feb%202011.pdf, last visited, 5 March 2011.

CLS Bank(2014) "CLS at a Glance". http://www.cls-group.com/Publications/CLS%20at%20 a%20Glance%20FINAL%20WEB_aprl2014.pdf, last visited, 21 August 2014.

Eichengreen, Barry *et al.* (1995) "Two Cases for Sand in the Wheels of International Finance", *The Economic Journal*, Vol.105, No.428, pp.162-172.

European Commission (2010) "Financial Sector Taxation", Commission Staff Working Document, accompanying the Communication from the Commission to the European Parliament, the Council, the European Economic and Social Committee and the Committee of the Regions, SEC (2010) 1166/3, {COM (2010) 549｝.

Held, David ed. (2000) *a globalizing world?: culture, economics, politics*, London and New York: Routledge in association with The Open University.

Hillman, David *et al.* (2006) "Taking the Next Step: Implementing a Currency Transaction Development Levy", Commissioned by the Norwegian Ministry of Foreign Affairs, UK: Stamp Out Poverty.

IMF (2010) "A Fair and Substantial Contribution by the Financial Sector", *FINAL REPORT FOR THE G-20*.

Jetin, Bruno (2002) *La taxe Tobin et la solidarité entre les nations*, DESCCARTES & Cie （ジュタン、ブリュノ (2006)『トービン税入門——新自由主義的グローバリゼーションに対抗するための国際戦略』和仁道郎訳、社会評論社、239-260頁）。

Kapoor, Sony (2007) "A financial market solution to the problems of MDG funding gaps and growing inequality", Speech at the 3rd Leading Group Conference in Seoul, 3-4 September 2007.

Oxfam (2014) "WORKING FOR THE FEW: Political capture and economic inequality", *Oxfam Briefing Paper* 178, Oxfam GB. http://oxfam.jp/media/bp-working-for-few-political-capture-economic-inequality-200114-embargo-en.pdf, last visited, 21 August 2014.

Patomäki, Heikki (2001) *Democratising Globalisation: The Leverage of the Tobin Tax*, London & New York: Zed Books.

Peyrelevade, Jean (2005) *Le captitalisme total*, SEUil et La République des Idées.

Schmidt, Rodney (2007) *The Currency Transaction Tax: Rate and Revenue Estimates*, Ottawa: The North-South Institute.

Schulmeister, Stephan (2009) "A General Financial Transaction Tax: A Short Cut of the Pros, the Cons and a Proposal", *WIFO Working Papers*, No.344.

Schulmeister, Stephan *et al.* (2008) "A General Financial Transaction Tax: Source of Finance and Enhancement of Financial Stability", Presentation at the EUropean Parliament in Brussels on April 16, 2008.

Spahn, Paul. B. (1995) "International Financial Flows and Transaction Taxes: Survey and Options", *IMF Working Papers*, 95/60.

Taskforce on International Financial Transactions for Development (2010) "Globalizing

Solidarity: The Case for Financial Levies", the Report of the Committee of Experts to the Taskforce on International Financial Transactions for Development, Leading Group on Innovative Financing for Development.

Tax Justice Network (2012) "Revealed: global super-rich has at least $21 trillion hidden in secret tax havens," p.5, retrieved on 10 November 2013 from: http://www.taxjustice.net/cms/upload/pdf/The_Price_of_Offshore_Revisited_Presser_120722.pdf

Tobin, James (1978) "A Proposal for International Monetary Reform", *Eastern Economic Journal*, 4 (3-4), pp.153-159.

Uemura, Takehiko (2007) "Exploring Potential of Global Tax: As a Cutting Edge-Measure for Democratizing Global Governance", *International Journal of Public Affairs*, Vol.3, pp.112-129.

Uemura, Takehiko (2012) "From Tobin to a Global Solidarity Levy: Potentials and Challenges for Taxing Financial Transactions towards an improved Global Governance", *Économie Appliquée*, tome LXV, 2012, n° 3, pp.59-94.

第2章

EU金融取引税の制度設計と実行可能性

諸富　徹

1　EU金融取引税導入の意義

1　税制史上の歴史的な画期

　2013年1月22日、租税の思想と歴史に新たな画期が刻み込まれた。この日開催されたEU経済・財務相理事会（ECOFIN: Economic and Financial Affairs Council）が、欧州連合条約上の「強化された協力 (enhanced cooperation)」という条項を用いて、11ヵ国の加盟国が共同で「金融取引税 (financial Transaction Tax)」を導入することを承認したからである。金融取引税の共同導入に参加する11ヵ国とは、ベルギー、ドイツ、エストニア、ギリシャ、スペイン、フランス、イタリア、オーストリア、ポルトガル、スロベニア、そしてスロバキアを指し、2014年1月の導入を目指している。EUは当初、加盟国のすべてが一致団結して金融取引税を導入することを目指したが、イギリスをはじめとするいくつかの国々が強く反対したため断念、上記条項を用いて11ヵ国での先行実施となったのである。これまで金融取引税が1国レベルで導入された事例はあるが、数ヵ国が国際的に協力して金融取引税を共同導入するのは租税史上でも、初めての画期的な試みである。

　また、EUが加盟国と協力して導入し、その税収を加盟国とEUで分け合う「共通税」を導入することを決めたという点でもこの税は、歴史的な画期をなすことになるだろう。これはつまり、最初から金融取引税がEUという超国家

組織の財源調達手段として位置づけられていたことを意味する。EUにこの税から税収が入ってくるその分だけ、現在、EU加盟国が負担している分担金を引き下げるという。こうしてEUは、その財政基盤を拠出金から独自財源に移行させることで、加盟国への財政依存を引き下げ、自らの立場を一層強化していくことになるだろう。

　課税権力は、いうまでもなく国家主権の中核的要素であり、これまでは、まさに近代国家の存立根拠そのものであった。実際、近代国民国家が創出された1648年のウェストファリア条約以来、課税権力は国家によって排他的に占有されてきた。しかし、今回の金融取引税導入はEU加盟国が、課税権力の一部をEUという超国家組織に移譲することを決めた点で、大きな歴史的転換点をなす。これは、かつて17世紀に近代国家を世界に先駆けて創出した欧州が、今度は世界に先駆けて近代国家の幕を引き、代わって超国家組織に新たに生命を吹き込もうとしているかのようである。

　もっとも2010年時点では、欧州委員会は、金融に対して何らかの新税を導入することは必要だと認めつつも、金融機関の生み出す付加価値に課税する「金融活動税（FAT: Financial Activities Tax）」の方が、「金融取引税（FIT: Financial Transactions Tax）」よりも望ましいとしていた（European Commission 2010）。この結論は、国際的にも国際通貨基金（IMF）やG20などと足並みを揃えるものであった（IMF 2010）。彼らは共通して、金融取引税は、国際的に一斉導入されるならば最善の選択肢だが、それぞれが単独で導入すれば金融活動が域外に移転してしまい、肝心の税収が上がらなくなるなどの副作用が発生するリスクも高く、現時点では時期尚早だと主張していた。ところがその１年後の2011年には、欧州委員会が一転して大きな態度変更を行い、金融取引税を導入する方針に転じたのである。この「転向」の背景にはいったい、何があったのだろうか。

　その理由の第一に、欧州市民が投機的金融活動に対して投げかける厳しい視線と、投機の抑制を求める市民の声がきわめて強いという事情を挙げることができる。その背景には、リーマン・ショックまでは、欧米の金融機関がそれ本来の役割を忘れて投機的金融活動に没頭し、金融危機の原因を創り出しておきながら、自らが危機に陥ると今度は一転、公的資金による政府の救済を求め、

実際に巨額の救済資金で生き延びたそのさまに多くの欧州市民が怒っているからである。著者が2013年1月に欧州を訪ねた際に聞いた人々の意見から感じる肌感覚でも、彼らの金融機関に対する不信の念は頂点に達していたと感じる。金融機関の投機的行為に嫌気がさした多くの人々は、ドイツ銀行などの大銀行に開設していた口座を閉じ、地元に密着して堅実な投資を続けてきたフォルクスバンク、シュパールカッセなどの地域金融機関や、環境、福祉、教育など社会的価値の高い案件に優先的に投資するGLS銀行（本店：ドイツ・ボッフム市）などに口座を移し始めている。特に後者は、急速な勢いで成長している。

　このことは2012年に欧州議会が行った世論調査でも統計的に確かめることができる（European Parliament 2012：20-23）。それによれば、EU加盟国在住の回答者のうち66％（2011年比5％増）が金融取引税導入に賛意を示しており、地域をユーロ導入国に限れば、その比率は73％（2011年比10％増）にまで上昇する。ギリシャ、イタリア、ポルトガル、スペインなど、金融危機によって最も強い打撃を受けた国々では、金融取引税への支持はさらに高い比率を示している。取引税に賛意を示した回答者にその支持理由を尋ねたところ、「過度な投機と闘い、将来的な危機の発生を防ぐ」ことを理由に掲げた人々が42％と最大比率を占めた。以下、「金融機関に金融危機を処理するのにかかった費用を支払わせる」ことを理由に掲げた人々が36％、「財政赤字の削減」が12％、「気候変動、環境、途上国援助」など国際貢献のための財源調達が7％と続いている。ここから、人々が課税によって金融機関の投機的取引を抑制してほしいと願っていることがわかる。欧州の政治的指導者は当然、このような市民の声に敏感である。優秀な官僚システムであっても欧州市民と直接向き合うことはない欧州委員会よりも、市民から直接選出される議員からなる欧州議会や、各国の国政選挙で選出された各国政府首脳からなる欧州理事会の方が、民主主義的な選出プロセスを踏んでいる分だけ、市民の声を反映する傾向があるのは当然であろう。

　欧州委員会がまだ金融活動税を志向していた2010年3月には、欧州議会が、欧州委員会に対して金融取引税の導入可能性に関する評価を行うよう要求する決議案を採択していた。引き続いて2011年3月には、欧州理事会の場でユーロ導入国首脳たちが、ユーロ圏、EU、そしてグローバルの各レベルで金融取引

税を導入する可能性についてさらなる探求が行われ、その課税方法が開発されなければならないという点で合意した。同時期に欧州議会はさらに踏み込んで、EUはグローバルレベルでの金融取引税の導入を目指すべきだが、その試みが失敗に終わる場合には、第一歩としてまずEUレベルでの金融取引税を実施すべきだとする決議案を採択した。その上で決議案は、欧州委員会と理事会に対して、金融取引税をEU予算の財源調達手段として捉え、考えうる複数案について比較検討し、評価を行うよう要求した。こうして、欧州議会と欧州理事会の両者からプレッシャーが強まる中で、2011年6月、欧州委員会はついに2014年〜20年のEU財政フレームワークを検討するプロセスで、欧州独自財源としての金融取引税に言及した。そしてこれが、2011年9月に発表された金融取引税導入に関する理事会指令案に繋っていった (European Commission 2011a)。

この一連の過程から、結局、欧州の政治的指導者が主導権を握り、金融取引税に慎重な欧州委員会を説き伏せて金融取引税の導入可能性に関する真剣な検討を行わせ、その詳細な制度設計を行わせたということがわかる。

2　投機抑制の政策手段としての金融取引税

欧州委員会が「転向」したもう一つの背景には、金融危機の処理にかかった費用の分担を金融機関に求めるだけでなく、投機的な金融活動を抑制し、将来的な金融危機の再発を防止するためには金融活動税ではなく、金融取引税でなければならないという事情があった。もちろん、トービン税の政策効果をめぐって学術的な評価が分かれているように、金融取引税が投機的な金融活動を抑制できるか否かについても、意見が分かれる可能性がある。ただ、2000年代以降の金融イノベーションがもたらした弊害は、金融取引への課税でそれを抑制していくことの重要性を、少なくとも次の2点でより強く認識させることになった (Schäfer 2012)。

第1点目は、高性能コンピューターを用いた「高頻度取引」(HFT: High Frequency Trading) が支配的な取引形態となり、それが証券市場のパフォーマンスに大きな影響を及ぼすようになった点である。さらに、高頻度取引の台頭と並行して、金融資産の保有期間が劇的に短期化してきた点も見逃すことができない。

かつて1970年代には、アメリカの平均株式保有期間は7年にも及んでいたが、2000年には2年未満へ、そして2007年にはなんと7ヵ月にまで劇的に低下してきたのである。

　最近の株式保有期間の短期化には、「高頻度取引」の発達が大きく寄与していると見られている。高頻度取引とは、自らの収益を最大化できるよう証券売買に関するルールや手順をあらかじめ定め、その計算式をプログラムの形でコンピューターに読み込ませた上で、実際に取引が始まると市場取引の一切をこのコンピューターによる自動制御に任せる取引形態を指す。その取引はナノ秒単位で高速かつ頻繁に行われるため、「高頻度取引」と呼ばれている。シカゴ連邦準備銀行の推計によれば、2009年のアメリカ証券市場の市場取引において高頻度取引が占める比率は、なんと約70％にも上っていたという（Clark 2010）。

　高頻度取引の特徴は次のとおりである。その主導者はまず、他の市場参加者の支払意思額を見出すために、たびたび「偽りの売り注文」を出す。このような「偽りの売り注文」を出す目的は、それに対して買い注文がどの程度の規模で、また、どの程度の価格帯で入ってくるのかについて、情報を収集する点にある。したがって情報収集が完了すれば、「偽りの売り注文」の80～90％が直ちにキャンセルされるという。この情報を利用すれば相手の出方が分かるので、それを読み込んで自らの収益を最大化できるような売買プログラムを生成することが可能になる。これら一連のプロセスは、高性能コンピューターを駆使して瞬時に行われる。その情報に基づく自動制御によって、コンピューターは刻々と変わる市場環境に応じた証券売買を、高頻度で実行していく。高頻度取引1回分がもたらす利益はきわめて小さいといわれているが、1分間に数千回もの取引を繰り返すことで、巨額の利益を生み出すことも可能だという。ここで市場参加者にとって肝要なことは、他の市場参加者に先駆けてより高速で情報を処理し、売買注文を出していくことである。そうすることで他の市場参加者よりも常に一歩先んじて市場動向を把握できるので、実際の市場取引において優位な立場に立てる結果、確実に収益を上げることが可能になる。

　しかし、これこそ典型的にケインズの「美人投票の論理」的な状況だといえる。なぜなら、高頻度取引に携わっている市場参加者にとって、市場で勝利を

収めるための条件は、経済成長や企業の収益性に関する自らの将来見通しを立てることではなく、他の市場参加者がいま何を考えているかを察知した上で、彼らを出し抜くことだからである。経済の基礎的条件や、企業の長期的な収益性に関する情報は、ここではほとんど考慮されず、市場の不安定性を高める要因となる。

　金融取引税はこういう状況においてこそ、大きな効果を発揮すると考えられる。取引税が導入されれば、これら瞬時の取引の1回1回すべてが課税対象となるので、取引にともなう費用がかさみ、その薄い利益を吹き飛ばしてしまうからである。金融取引税は、高頻度取引に代表されるように、金融市場の活動が実物経済と無関係であるか、あるいはその活動水準をはるかに超えて行われる投機的取引を抑制することを目的としている。この税は、金融取引の売りと買いすべてに対して1回ごとに課税するため、高頻度で売買を繰り返す金融機関はきわめて重い税負担を負うが、安定的で長期的な資産運用を心掛け、取引頻度も低い年金基金などの金融機関には、それほど大きな税負担とならない。しかも、高頻度取引を用いる金融機関の顧客は、ほぼ高所得者に集中しているといってよいため、金融取引税の負担は主として彼らに転嫁され、所得分配上は累進的な効果を持つ点も、その利点として挙げることができる。

　金融取引に課税することの重要性を認識させた第二点目は、2000年代以降顕著になった「金融派生商品の重層化（cascading of derivatives）」である。これはいったい何だろうか。実は、2007年にアメリカでサブプライム・ローン問題が噴出した時にはすでに、この「金融派生商品の重層化」が普遍的な現象となっていた。「サブプライム・ローン」とは、通常はローンを組めないような信用力の低い低所得層の人々に対して、ほとんど無審査で高利のローンを組ませる手法を指す。貸し手は、借り手が返済不能に陥る事態を予想して高利率を付けるほか、実際に返済不能となった場合には、担保にとった住宅を転売することで債権を回収するという仕掛けになっている。これは、2007年までの状況がそうだったように、住宅価格が毎年右肩上がりで上昇し続ける場合には貸し倒れも少なく、また、実際にそのような事態に陥っても、担保売却による回収が容易だったので、ビジネスモデルとして機能していた。

金融イノベーションとしての「サブプライム・ローン」の特性は、金融工学を駆使したリスク管理という点に発揮された。低所得者層への高金利ローンに付随するリスクを分散させるために、ローン債権を分割・証券化し、他の安全な証券と組み合わせて全く新しい金融商品として投資家に売りに出したのが、「サブプライム・ローン」の目新しい点であった。ただしそれは、証券の構造を複雑化させ、そもそも誰がそのローン債権による「真の借り手」かを不透明にするという問題を孕んでいた。しかし、最新の金融工学的な知見を活用することで、リスクは十分制御・抑制できるはずであった。しかし実際には、アメリカで住宅バブルが崩壊すると、貸し倒れ率が上昇してローン債権が不良債権化した。また、住宅価格が下落したことで担保売却による不良債権の回収が進まず、貸出金融機関は危機に陥ることになった。さらに、このローン債権を組み込んだ金融商品の信用性にも火が付き、それらを大量に保有していた欧米の金融機関の経営を揺るがす事態に発展、世界的な金融危機を招く原因となった。

　こうして2000年代には、元々のローン債権を別の証券と組み合わせて新しい金融商品を創出し、それをさらに別の証券と組み合わせて新しい金融商品を創出する、という形で段階的に、金融派生商品を幾重にも折り重ねる形での商品開発が行われた。サブプライム・ローン債権は、高利回りだが貸し倒れリスクの高い（ハイリスク・ハイリターン）債権である。にもかかわらず、他の安全資産と一緒に混ぜ合わされることで、そのリスクは多数の金融商品の中に散りばめられて、あたかも「ローリスク・ハイリターン」商品であるかのようにみせかけられた。こうして「金融派生商品の重層化」が進行し、債権関係が「らせん状」の複雑な構造をなし、元々の借り手が誰であるのかすら判定するのがきわめて難しい状態をつくりだした。これは、後に秩序だった債務処理の実行を妨げる要因となり、住宅バブルの崩壊後、金融パニックを深刻化させる一因となった。

　「金融派生商品の重層化」が進行すれば、もともとのローン債権が分割・証券化され、他の安全証券と組み合わされる過程で、幾重もの契約と取引が必要になる。したがって、もし金融取引税が導入されれば、そのような「重層化」のすべてのステップにおいて、課税がなされることになる。このことから、金融派生商品の重層化が進行すればするほど、取引税による税負担の累積効果が

生じ、投機的な金融派生商品の経済的優位性はその分だけ弱められ、結果として「サブプライム・ローン」のような投機的金融取引を抑制することに繋がると考えられる。

2　金融取引税の設計

1　欧州委員会による金融取引税案の概要

　以上のように、2000年代の金融イノベーションは、金融経済を実物経済からますます乖離させながら、他方で前者の後者に対する影響力をこれまでになく強める形で進行した。そしてリーマン・ショック後、金融危機が引き起こした実物経済への負の影響は、これらのイノベーションが、人類の進歩を促すという意味での真のイノベーションではなかったことを白日のもとにさらした。むしろ、それがもたらした負の影響はきわめて深甚であり、金融取引に課税することでその弊害を抑止することの必要性を強く人々に認識させる結果となった。

　欧州委員会もまた、こうした文脈の中で結局、金融取引税の導入を選択したが、彼らはその課税目的として、以下のように、①財源調達／負担の公平性を実現するための手段としての側面と、②投機抑制のための政策手段としての側面の2側面を掲げている（European Commission 2012：2）。

①金融機関にリーマン・ショック以降の金融危機への対処費用のうち、その公平な割合を負担させ、他の経済セクターとの課税上の公平性を回復すること。
②金融市場の効率性を阻害する投機的取引を抑制するための適切な政策手段を創出すること。

　②についてはすでに十分触れたので、ここでは、①が含んでいる二つの観点について説明することにしよう。第一は、その原因者負担金としての側面である。加盟国はリーマン・ショックに端を発する金融危機を収拾するために、金融機関の救済も含めて全体で4.6兆ユーロ（2009年のEU27加盟国GDPの39％にも上る）もの巨額を費やしたという。したがってこの費用の公平な割合を、危機の原因を作り出した原因者である金融機関に負担させなければならないとの論理である。第二点目は、公平課税実現のための費用負担という論理である。上記

①で言及されている「他の経済セクターとの課税上の公平性」とは、具体的にはEU付加価値税指令の第135条第1項で、金融取引が付加価値税を免除されるとの規定が定められていることに関係している（日本でも金融取引は消費税を免除されている）。これは、金融機関の生み出す付加価値を定義するのが難しいという技術的な理由のためである。しかし、他の経済セクターは付加価値税を課されているため、金融セクターとその他の経済セクターの間で、課税の公平性が損なわれている。欧州委員会は、この免除規定は域内GDPの0.15％にも上る税収の損失をもたらすだけでなく、経済セクター間での相対価格に歪みをもたらし、資源配分上の効率性を損なう点でも望ましくないと指摘している。したがって、金融セクターへの新しい課税は、経済セクター間での不公平是正をもその目的としている。

次に、金融取引税の制度概要である。想定されている課税対象はかなり広範であり、現物取引だけでなく、金融派生商品を含めたあらゆる金融取引をカバーすることになっている。また、認可取引市場だけでなく、多角的取引機関 (multilateral trading facilities)、店頭取引 (over-the-counter trade) も含めた、あらゆるタイプの取引が課税対象となる。課税は金融商品の「売り」と「買い」、その「移転」、金融派生商品の「約定」、「締結」、もしくは「変更」のすべてが対象となる。とはいえ、通常の金融取引と金融派生商品は、異なる性質をもっているので、両者の間で異なる税率を適用し、前者には0.1％、後者には0.01％を適用することが提案されている。

また、課税原則は「居住地原則」を採用するとしているが、この点、留意が必要である。金融取引税における「居住地原則」は、取引税導入国に立地する金融機関の本店だけでなく、支店が展開するあらゆる金融取引に課税することを意味しているからである。この原則のもとでは、以下のルールが適用されることになる。①取引を行う二つの金融機関の両者が導入国に立地している場合は、それぞれ自らの立地国政府に取引税を納付する。②もし一方の金融機関が取引税導入国に立地しており、他方が非導入国に立地している場合は、前者だけでなく後者も納税義務を負い、両者は連帯して納税する。つまり、取引税導入国に立地する金融機関の本店・支店と取引を行う世界のどの金融機関も、潜

在的にはこの取引税の納税義務者となる可能性を持っているということである。

　このように、欧州委員会による「居住地原則」の適用はきわめて網羅的である。特に上記②の場合に関して、欧州委員会の課税案は、本来の居住地原則よりも拡張的なルールを適用することで、租税回避をあらかじめ抑止する効果を持たせようとしている。本来の居住地原則とは、原則として当該国に恒久的な本店を置く金融機関のみが課税義務を負うというものである。この場合、外国に本店を置く外資系金融機関が行う金融取引には課税しない。しかし欧州委員会のより拡張的な「居住地原則」によれば、導入国に本店を置く金融機関だけでなく、支店などの形であってもその金融機関が恒久的拠点を設けていれば、その金融機関が行う金融取引はすべて課税対象になる。

　この場合、導入国に恒久的拠点を置く限り、当該国銀行と外資系銀行との間で課税に差別は設けられず、両者間での不公平課税は解消する。もちろん、この拡張的な「居住地原則」のもとであっても、租税回避行動が誘発されるリスクは存在する。つまり、取引そのものを域外に移転してしまうリスクである。たとえば、仮に導入国に本店を置いていても、金融取引をニューヨーク、ロンドン、東京など、取引税の非導入国に立地する支店同士で行えば、上述の居住地原則のもとでは課税されないことになるからである。こうした租税回避を防ぐために、欧州委員会は、「拡張された居住地主義」を「発行地原則」で補完しようとしている。これは、その金融商品が11参加国のいずれかで発行されたものであれば、それを取引する金融機関が11ヵ国以外に立地していても、当該金融商品を取引した時点で課税対象になるというルールである。

　最後に、取引税から上がってくる税収はその全部、もしくはその一部がEU予算の収入として用いられ、その分だけ、加盟国の分担金が引き下げられることになる。これはこの税が一種のグローバル・タックスとして導入され、国境を超える投機的金融取引を抑制するための政策手段として機能する一方、その収入がEUという超国家機関の財源を賄う財源調達手段として機能することが予定されている点で、税制史上、画期的な意義を持つことになる。

2 「金融活動税」vs.「金融取引税」

　ここまでもっぱら金融取引税について論じてきたが、これと常に対比され、当初は取引税よりも望ましいとされていた金融活動税については具体的に触れないままであった。ここでは、金融活動税とは何か、そしてそれが取引税よりも望ましいとされていた理由について見ておくことにしたい。

　国際通貨基金の分類によれば、金融活動税には三つの類型がある（Claessens et al. 2010）。第一類型は「金融活動税1」と呼ばれ、金融活動が生み出す付加価値に対する課税である。これはすでに述べたように、金融取引が既存の付加価値税において非課税となっているため、金融セクターが免れている付加価値税への代理課税として機能し、課税の公平性を回復させる意義を持つ。この場合、その課税ベースは金融セクターで生み出される「利潤＋賃金」で定義される「所得型付加価値」に対して設定されることになる。

　次に、第二類型として「金融活動税2」が挙げられる。これは、金融セクターに特有的に発生する高水準の「レント（超過収益）」を吸収するための課税手段という性格をもっている。実際、2000年代には多くの先進国で、金融セクターは他産業を大幅に上回る高利潤と高報酬によって特徴づけられていた。したがって、「金融活動税2」では、「金融活動税1」と異なって、「利潤＋賃金」のすべてではなく、そこから通常収益（通常利潤＋通常賃金）を差し引いた残余（＝「超過収益」）に課税ベースを設定することになる。

　これに対して「金融活動税3」は、投機的取引を抑制する政策手段としての性質をより強めることを重視した類型である。つまり、過度にリスクをとる投機行為に対しては重課し、そうではない通常の金融活動に対しては、軽課するよう設計する。とはいえ、投機的金融行為とそうでない行為を峻別するのは困難なので、ここでは「金融活動税2」の超過収益が正の値をとる場合には、それが投機的行為によって可能になっていると解釈し、高税率が適用される。逆にそれがゼロか、正常収益の範囲に収まっている場合、投機的行為は行われていないと解釈され、低税率が適用される。これは金融活動税をある程度まで「政策課税化」し、金融セクターにおける過度の投機的行為を抑止する役割を担うが、金融取引そのものに対して課税するわけではないため、その効果はき

わめて間接的なものにとどまると考えられる。

　以上三つの類型の金融活動税は、いずれも金融取引そのものに直接的に課税することはない。したがって、金融活動における投機的行為を抑制する効果はいずれも弱いであろう。金融活動税が重視しているのは、欧州委員会が掲げている①の課税目的、つまり金融危機の処理費用の公平な分担と、他の経済セクターとの負担の公平性の実現である。逆に、金融取引税に対して活動税が優位性を持ちうるのは唯一、経済に対して「歪み」をもたらさない課税だという点に尽きる。中でも特に「金融取引税2」は、課税がなされてもその税負担はすべて「超過収益」部分にかかってくるので、確かに課税が経済行為を変化させる誘因を持つことはないであろう。

3　なぜ、金融取引税を選択するのか

　ではなぜ、EUは金融取引税を選択するのか。欧州委員会は、金融取引税と金融活動税両者について、それが導入された場合にもたらす社会経済的なインパクトを評価し、両者の利害得失を明らかにしている（European Commission 2011b；2011c）。

　それによれば、まず財源調達能力の点では、金融活動税よりも金融取引税の方が優れているとしている。活動税の場合、税率をたとえば5％とする場合、その仮定と制度設計に応じて93億〜303億ユーロまでの収入が上がると想定される。これに対して取引税は、税率を下限の0.01％とした場合、164億〜434億ユーロの収入が上がる可能性があると見込まれる（域内GDPの0.13〜0.35％）。もし、税率を上限の0.1％に引き上げれば、税収はなんと733億〜4339億ユーロ（域内GDPの0.60〜3.54％）にまで膨れ上がると見込まれている。この税収試算には、課税によって引き起こされる可能性のある取引の域外移転や、金融取引そのものが減少する効果を織り込んでいる。

　さらに欧州委員会は、投機的金融活動の抑制手段としての観点でも、取引税の方が活動税よりも優れているとしている。つまりそれは、高頻度取引が金融システム全体に及ぼす弊害を抑止し、市場参加者の過度に投機的な行動を抑制することで、金融危機の将来的な再発を防止する政策手段としてより優れてい

るというわけである。取引税は、金融取引の「取引費用」を引き上げることによって、いまや欧州証券市場の約40％を占めるまでになったとされている高頻度取引の経済的利点を引き下げる。結果として、この課税は取引がもたらす利潤を減少させるので、高頻度取引を用いたビジネスモデルは見直しを迫られることになるだろうと委員会は指摘している。

　両税とも、GDPと雇用にはある程度の影響をもたらす。これは、金融取引税の税負担が顧客に転嫁され、資本コストを引き上げるために、投資を抑制する効果があるからだ。金融取引税の場合、税率が上限の0.1％であればGDP比1.76％の減少、下限の0.01％であればGDP比0.17％の減少、という結果がモデル計算から引き出されている。雇用については、税率が0.01％ならばGDP比0.03％、0.1％ならばGDP比0.2％のマイナスの影響が出ると見込まれている。ただし、税負担の帰着は累進的で、所得・資産のより豊かな層により多くの税負担が帰着するとされている。

　結論として、①両税とも徴税技術上導入は可能であり、かなりの税収をもたらすと想定されるが、その規模は取引税の方が多いと見込まれる。②政策効果という点では、取引税の方が高頻度取引をはじめとする短期的な投機的金融活動を抑制する効果があると見られている。それゆえ、③それが及ぼす経済的インパクトという点では、取引税の方が負の影響が大きい。欧州委員会が最終的に、2011年6月にEU独自財源として金融取引税を導入することに言及したのは、それが、上記①の税収調達力という点でより大きな可能性を持っていること、そして②の投機的金融活動の抑制効果という点で、やはり取引税がより有効だという点を評価したからである（European Commission 2011c：6-7）。

4　金融取引税実現への途

　しかし、金融取引税をG20レベルで導入することで合意を図る試みは、アメリカの強い反対もあってこれまでのところ成功していない。そこで当初、金融活動税に傾いていた欧州委員会は、欧州理事会や欧州議会からのプレッシャーを受けて2011年9月にEUレベルでの取引税導入提案を行う。ただ、課税主権は加盟各国の手にあるので、通常は、こうした欧州レベルの課税導入提案を行

う場合は、欧州理事会で全会一致の賛成を得なければならないとされている。しかし、金融取引税のEUレベルでの導入は、イギリスやスウェーデンが強く反対し、全会一致が得られる見込みは2012年6月までにほぼ消えていた。通常ならば、これによって欧州レベルでの新税導入の試みは挫折するはずである。実際、これまでにも多くの新税導入提案が、全会一致を得られないまま葬りさられてきた。

しかし、今回ばかりは事情は異なっていた。欧州理事会が、取引税導入を可能にする別の方法の模索を始めたからである。2012年10月には、一つの転機がやってきた。共通通貨ユーロを採択する11加盟国（ベルギー、ドイツ、エストニア、ギリシャ、スペイン、フランス、イタリア、オーストリア、ポルトガル、スロベニア、そしてスロバキア）が、相互に協力して金融取引税を導入する意向を表明したからである。これらはいずれも統一通貨ユーロの導入国である。彼らはこれまでの慣例からすればきわめて革新的なことに、欧州連合条約上の「強化された協力」条項を用いる意向を表明した。この「強化された協力」条項とは、欧州連合条約第20条、そして欧州連合機能条約第326-334条にその法的基礎を持っており、合理的な期間内にEU全体としての共通目的を達成するのが困難なことが判明した場合には、少なくとも9ヵ国からなる加盟国が、その他の加盟国に対して排他的にならない形で、その共通目的を追求することを可能にする規定である。

1999年に発効した欧州連合アムステルダム条約以来、この条項が用いられたのは過去に2例しかなく、課税分野では初めてのことだという。これはこれまで、ある共通目標を実現するために全会一致を確保することはいうまでもなく、9ヵ国の同意を調達することすらいかに難しかったかを示している。逆にいえば、「強化された協力」条項を使うことができるということは、金融取引税の導入を目指すユーロ圏11ヵ国の政治的意志がいかに強固であるか、そしてそれを支えるこれら国民の意思がいかに強いかを示す証拠だともいえる。

ただし、この条項は9ヵ国の同意を調達しただけではまだ使えない。この条項を発効させるには、欧州議会での同意を得た後に、欧州理事会において特定多数決で承認してもらう必要がある。イギリスなど、全EUでの金融取引税導

入に反対していた加盟国も、さすがに11ヵ国が自発的に「強化された協力」条項を用いて金融取引税導入のプロセスを進めることを阻止する意向は持っていなかった。この結果、本章冒頭で述べたように2013年1月22日、ついにEU経済・財務相理事会は、「強化された協力」条項を用いて11加盟国が共同で「金融取引税」を導入するための具体的な作業に入ることを承認した。欧州委員会のシェメタ委員（税制担当）はこれを受けて、「EU租税政策にとっての一里塚となるだけでなく、……世界の税制史にとっての一里塚でもある。というのは、世界史上初めて金融取引税が、国家を超えるリージョンの枠組みで導入されることになったからだ」とのコメントを発表している。この決定を受けて、欧州委員会は2013年2月14日に、「強化された協力」のもとで実施される金融取引税に関する指令案と、その影響評価報告書を公表した（European Commission 2013a；2013b）。その制度設計案は、ほぼ上述した制度設計案に沿ったものとなっている。導入へ向けた議論は、あらゆるEU加盟国に対して開かれているが、投票権は「強化された協力」参加国のみが保持し、彼らの全会一致によって意思決定が行われる。早ければ、2016年1月にも金融取引税が導入される予定である。

3　金融取引税の実行可能性

1　外国為替決済システムにおける革新と「多通貨同時決済銀行（CLS Bank）」

　金融取引税は、それが国内金融取引にとどまらず、自国通貨と他国通貨間の取引を含むグローバルな金融取引への課税を想定する場合、その実行可能性が常に疑問視されてきた。1つの典型的な疑問は、それが国際的に（少なくとも主要通貨国間で）一斉に導入されない限り、取引を金融取引税の非課税国に移すことで課税逃れができるので、課税の有効性は掘り崩されてしまうというものであった（Frankel 1996）。

　そして、仮に金融取引税がグローバルに一斉に導入されたとしても、個別の外国為替取引（以下、「外為取引」と略す）をモニターすることは困難なため、やはりその導入は非現実的だとの指摘もあった（Garber & Taylor 1995）。外為市場

では、個々の取引を記録する体系的で包括的な仕組みがなかったからである。この指摘は実際、現在のようにすべての外為取引記録が電子媒体で残されるのではなく、紙ベースの記録として残されていた時代には、全く妥当な批判であった。もちろん、中央銀行や監督官庁が事後的に金融機関の貸借対照表をチェックすることも可能だが、トレーダーたちは代わりに金融派生商品を用いて貸借対照表に記録されないオフ・バランス取引に移行することで、課税回避を実行するだろうともいわれてきた (Garber 1998)。

しかし過去20年間に外為取引の世界では、グローバルな支払・決済システムに大きなイノベーションが引き起こされた。つまり、取引から決済までのプロセスがますます組織化され、標準化され、そして統一された公式的な手続きに則って実行されるようになってきたのである。しかも決済は、下記で説明するように、特定の事業団体の手によってますます集中的に遂行される傾向が強まってきている。こうして「事実上の標準（デファクト・スタンダード）」としての地歩を固めつつある決済システムを、金融取引税導入のためのインフラストラクチャーとして活用することにすれば、金融取引税の実行可能性は大いに高まることも明らかとなってきた。EU金融取引税についてはこれまでのところ、その導入に関する「指令案」を読んでも、課税技術の詳細がどうなるのか一切説明がなされていない。しかしそれが導入可能とされるようになってきたのは、こうした決済システムにおける革新的な進歩の成果を応用すれば、大きな徴税コストをかけずとも取引税を導入することが可能であることが、広く認識されるようになってきたという事情がある。

それでは具体的に、いったいどのようなシステム上の革新が過去20年間にわたって生じたのであろうか。第一は、1997年に創設され、2002年9月に稼働を開始した「多通貨同時決済銀行」(CLS (Continuous Linked Settlement) Bank：以下、「CLS銀行」と略す) の台頭である。これは名前のとおり、多通貨にまたがる為替取引を「Payment versus Payment（PvP：受取通貨と支払通貨の同時決済システム）」で決済することで、外為取引に固有の、時差に伴って発生する「決済リスク」を削減することを目的として設立された決済システムである。

ここでいう「決済リスク」とは、かつて1974年6月に倒産したドイツのヘル

シュタット銀行のことが念頭に置かれている。この銀行は、当時のドイツ通貨マルクとドルの相場の為替予約（ドル売り・マルク買いの予約）を米銀などとの間で結んでいたが、時差の関係でマルクを受け取った後に、ドルを取引相手に渡す前に倒産してしまった。これによって取引の相手方となっていた米銀などは、支払を受けることができずに多額の損失を被ることになってしまった。これをきっかけに、このような時差による決済リスクは、為替取引に固有なリスクとして「ヘルシュタット・リスク」と呼ばれるようになった。

　決済リスクは、それまで行われていたDeferred Net Settlement（DNS：一定時間後に取引をネット決済するシステム）から、Real Time Gross Settlement（RTGS：即時グロス決済システム）へ移行することで除去できるし、実際にそのような移行が図られた。前者のネット決済システムは、一定期間に行われた為替取引を相殺した後の、その差分に相当する取引額だけを決済すればよいので、決済機関にとって資金負担が小さいというメリットがある。しかし他方でこの方法ではどうしても決済に時差を伴うため、「ヘルシュタット・リスク」を避けられないというデメリットがある。これに対して後者（即時グロス決済システム）は即時に、しかも取引を相殺せずに、一つ一つの取引をグロス・ベースで連続的に決済していく仕組みなので、ヘルシュタット・リスクを回避することができる。したがって、DNSは決済機関側にとってはメリットが大きいが、リスクを回避したい顧客（取引参加者）のニーズを満たすという観点からは、逆にRTGSの方がメリットが大きい。

　以上の理由より、ヘルシュタット・リスクを回避するための仕組みについて、国際決済銀行（BIS）における各国中央銀行の話し合いの場などで検討が進められた結果、設立されたのがCLS銀行である。1997年にまずその運営母体が設立され、2002年に決済システムとしての稼働が開始された。以降、順次業務は拡大してきている。当初の決済対象通貨は円、米ドル、ユーロ、英ポンド、スイスフラン、カナダドル、豪ドルの7通貨であったが、現在では17通貨まで拡大している。このCLS銀行の存立を可能にしたのが、情報コミュニケーション技術（ICT）の発達である。CLS銀行は、それを用いて国際的に共通の決済プロセスや、それを可能にする技術的プラットフォームを構築していった。取引

参加者がこの共通システムを利用することで、外為取引の効率性は高まり、その取引費用を劇的に引き下げることが可能になった。

ところで日本では、CLS銀行が稼働を開始する前は、東京銀行協会が運営する「外国為替円決済制度」に決済がほぼ一元化されていた。しかし、CLS銀行の稼働開始に伴ってこの状況に大きな変化が生じ、日本円の決済に関しては、現状で6割以上がこのCLS銀行を通じて行われていると推計されるという（2010年4月時点）。しかも、この比率は他の通貨と比べると低い方で、米ドル、ユーロ、英ポンドのCLS銀行利用比率は、2010年4月時点で80％近くにも達しているという（内田 2012：105-106）。この銀行の業務開始以来、各通貨ともその利用比率は一貫して上昇傾向にあり、外国為替取引業務がますますこの銀行の手で集中的に担われるようになりつつあることを示している。

2　国際銀行間通信協会（SWIFT）と金融取引税

外国為替取引業務の世界で、過去20年間に生じた第二の革新は、1973年に設立された「国際銀行通信協会（SWIFT: Society for Worldwide Interbank Financial Telecommunications）」が、世界各国の金融機関などに高度に安全化された金融通信メッセージ・サービスを提供する金融業界の標準化団体として自らを確立したことであろう。この団体によって先駆的に導入された情報伝達機能は、外国為替決済業務の発展にとって中核的な役割を果たし、それに従事するあらゆる事業者にとって、世界共通のシステムを利用できるメリットを提供してきた。そして、そのメリットがさらなる会員数の増加をもたらし、発足当初は15ヵ国239金融機関で始まった業務は、いまや全世界で212ヵ国・地域における1万以上の金融機関を対象とするまでに拡がっている。SWIFTは、民間の金融機関の集合体として私的に運営されているにもかかわらず、外国為替決済業務における公共的なインフラとして、もはや欠くことのできない機能を果たしている。

ここで、図表1を用いてSWIFTの果たしている機能を具体的に説明することにしたい。まず、製品を販売した企業と取引のある図の「受信側の銀行」は、その取引内容（製品の内容、数量、取引価格、取引総額など）に関する情報を

第2章　EU金融取引税の制度設計と実行可能性

図表1　SWIFTを媒介としたメッセージ伝達の構造

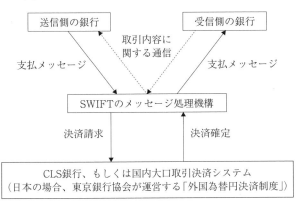

出所：Schmidt & Bhushan (2011) p.11, Figure 3.

SWIFTに送信する。SWIFTはその情報を、製品を購入した企業と取引のある図の「送信側の銀行」に伝達する。このメッセージを受け取った「送信側の銀行」は、取引総額に相当する金額を支払う旨のメッセージをSWIFTに送信する。その情報を受け取ったSWIFTは、今度はそれをCLS銀行か、もしくは当該国の「国内大口取引決済システム」に伝達する。このメッセージを受け取った決済システム側は、決済を実行した後、決済確定に関する情報をSWIFTに送る。それを受け取ったSWIFTは、「受信側の銀行」に対して、支払が実行された旨のメッセージを送信する。最後に、各銀行が中央銀行の中に設けた「当座預金口座」の中で、残高の調整が行われる。「受信側の銀行」の当座預金残高から決済相当額が差し引かれる一方、「送信側の銀行」の当座預金残高に決済相当額が加算される。これで決済・支払ともに確定する。

　SWIFTはいわば人体における心臓と血管の役割を果たしており、それによって国際的な貿易機構という生命体の存続が可能になっている。心臓には人体のあらゆる血液が集まり、送り出されていくように、SWIFTのメッセージ処理機構には、支払と決済に関するあらゆる情報が集まり、送り出されていく。金融取引税にとって重要なことは、取引総額に関する情報や、取引を相殺したのちの差額情報ではなく、取引1件1件に関する情報である。これが入手

可能かどうかに、その生殺与奪の権が握られている。この点で、かつてのように紙ベースで個別取引の情報が記録されていた時代には確かに、膨大な取引件数1件1件を把握して金融取引税を課税することは事実上、不可能だったといえる。しかし現在では、SWIFTに流れ込んでは出ていく電子情報を活用すれば、容易に、しかも低コストで1件1件の個別取引情報を入手できる。あとは課税当局に、SWIFTに対してそのような情報を請求する法的権限が与えられるか否か、という点が問題として残るが、この点がクリアーされれば、技術的には金融取引税を実行する障壁はもはや存在しないということになる。

　ところで、金融取引税の徴収はどのように行われるのであろうか。まず、課税ポイントとしては二つの可能性が考えられる。第一は、SWIFTのメッセージ処理機構の段階、第二はCLS銀行、もしくは各国の「国内大口取引決済システム」の段階である。結論的には、決済前の個別取引情報を入手できるのであれば、第一の段階でも、第二の段階でもどちらでもよい。いずれの場合にせよ、決済が完了し、取引間での相殺が行われてしまえば個別取引情報は失われてしまうので、決済前の個別取引情報を入手することが必要になる。

　次に徴収方法だが、これについても二つの方法が考えられる。第一に、SWIFTもしくはCLS銀行に対して「特別徴収義務」を課し、課税当局に代わって彼らのうちいずれかに、実際の徴収義務を代行してもらうという方法がある。しかし、この方法には問題がある。なぜなら、金融取引税は金融取引に対する課税であって、外為決済サービスや、それに付随する情報伝達サービスに対する課税ではないため、課税目的と課税方法が乖離してしまうという問題が発生するからである。第二に、この方法をとると、取引1件1件の決済サービスに対して、彼らが取る手数料のほかに金融取引税の税負担が発生することになる。それが、決済プロセスに対する課税当局による直接的な介入となってしまわないか、という問題がある。

　そこで第二の方法として、SWIFTもしくはCLS銀行に、自発的協力によるか、あるいは法的義務づけによるかはともかくとして、取引個別情報を電子データベースで課税当局に提供してもらい、課税当局が個別取引に対する課税を行った場合に発生する徴収金額を計算し、それを一定期間ごとにまとめて国

内に本店を置く金融機関に請求するという方法をとることが考えられる。こうすれば、SWIFTもしくはCLS銀行に徴収業務を負わせることなく、しかも取引や決済に直接的に介入することもなく、金融取引税を徴収することが可能になる。

最後に検討しておくべき点は、SWIFTもしくはCLS銀行の情報を活用して金融取引税を課税することが、新たな租税回避を生まないかという恐れである。理論的可能性としては、もちろん、このような租税回避が発生する余地はある。しかし取引参加者にとって、SWIFTもしくはCLS銀行を利用することのメリットはあまりにも大きく、現在想定されているような取引1件当たりの非常に低い税率が適用される場合、そのメリットを放棄することの費用と、租税を回避できることで発生する便益を天秤にかければ、SWIFTもしくはCLS銀行の利用から離脱することは、経済的に見て決して割に合わないと考えられる。

4　まとめ——理論的検討段階から実行段階に移った金融取引税

本稿では、2014年にも導入が予定されているEU金融取引が導入されるに至った経緯や、その制度設計の中身について検討してきた。そして、外為決済機構の発展がもたらす意義を確認することを通じて、金融取引税の実行可能性が飛躍的に高まったことを強調した。結論としては、今世紀に入って国際的にデファクト・スタンダードとなる国際的な外為決済機構が確立し、それを支える情報伝達サービスも成立したことで、ヘルシュタット・リスクを回避しつつ、低廉で安全な決済サービスを提供するという公共的なインフラが有効に機能しつつあることが確かめられた。これらのインフラを活用すれば、金融取引税を実行する上でこれまで存在した技術的障壁を取り除くことは容易で、いまや、金融取引税は、理論的検討段階から実行段階に移ったといえよう。

もちろん、法的な問題や課税技術の詳細で詰めるべき論点は残っているが、EUが金融取引税の導入を検討することが可能になったのも、このような外為決済機構の急速な発展なしには考えられない。国際課税をめぐって現在、さま

ざまな問題が生じ、それに対処するための方策がG20やOECDなどの場で議論されている現在、金融取引税の導入は、そのための有力なオプションだと考えられる。日本がこの面で果たす役割は何か、検討すべき時期に来ているといえるだろう。

〔参考文献〕

○日本語文献

上村雄彦(2009)『グローバル・タックスの可能性――持続可能な福祉社会のガヴァナンスをめざして』ミネルヴァ書房

内田昌廣(2012)「外国為替決済におけるCLS――普及の現状と課題、アジア通貨への含意」『鹿児島県立短期大学紀要(人文・社会科学編)』63号、99-118頁

金子文夫(2009)「新しい可能性 金融危機と国際連帯税」『世界』788号、251-259頁

金子文夫(2011)「金融取引税から国際連帯税へ」『世界』824号、208-215頁

望月爾(2009)「グローバル化と税制――グローバル・タックス構想を中心に」中島茂樹・中谷義和編『グローバル化と国家の変容(立命館大学人文科学研究叢書十八輯)』お茶の水書房、155-183頁

諸富徹(2013)『私たちはなぜ税金を納めるのか』新潮社

油布志行(2012)「最近の金融証券税制について――欧州の金融取引税構想を中心に」『租税研究』751号、48-80頁

和仁道郎(2008)「為替取引税の安定化効果をめぐる問題点――トービン税は有効か、有害か?」『横浜市立大学論叢、人文科学系列』59巻3号、227-265頁

○外国語文献

Claessens, S. *et al.* eds. (2010) Financial Sector Taxation: The IMF's Report to the G-20 and Background Material, International Monetary Fund.

Clark, C. (2010) "Controlling Risk in a Lightning-Speed Trading Environment", *Chicago Fed Letter*, No.272.

European Commission (2010) *Communication from the Commission to the EUropean Parliament, the Council, the EUropean Economic and Social Committee and the Committee of the Regions: Taxation of the Financial Sector*, COM (2010) 549 final.

European Commission (2011a) *Proposal for a Council Directive on a Common System of Financial Transaction Tax and Amending Directive 2008/7/EC*, COM (2011) 594 final.

European Commission (2011b) *Impact Assessment: Accompanying the Document Proposal for a Council Directive on a Common System of Financial Transaction Tax and Amending Directive 2008/7/EC*, Commission Staff Working Paper, SEC (2011) 1102

final.
European Commission (2011c) *Executive Summary of the Impact Assessment: Accompanying the document: Proposal for a Council Directive on a Common System of Financial Transaction Tax and Amending Directive 2008/7/EC*, Commission Staff Working Paper, SEC (2011) 1103 final.
European Commission (2012) *Proposal for a Council Decision Authorizing Enhanced Co-operation in the Area of Financial Transaction Tax*, COM (2012) 631 final/2.
European Commission (2013a) *Proposal for a Council Directive: Implementing Enhanced Cooperation in the Area of Financial Transaction Tax*, COM (2013) 71 final.
European Commission (2013b) *Impact Assessment: Accompanying the Document Proposal for a Council Directive Implementing Enhanced Cooperation in the Area of Financial Transaction Tax, Analysis of Policy Options and Impacts*.
European Parliament (2012) *Crisis and Economic Governance V, EUropean Parliament EUrobarometer (EB77.2): Summary*, Directorate General for Communication, Directorate C-Relations with Citizens, Public Opinion Monitoring Unit.
Frankel, J. (1996) "Recent Exchange-rate Experience and Proposals for Reform", *AEA Papers and Proceedings*, 86 (2), pp.153–158.
Garber, P. (1998) "Derivatives in International Capital Flow", *Working Paper 6623*, National Bureau of Economic Research.
Garber, P. & Taylor, M. (1995) "Sand in the Wheels of Foreign Exchange Markets: A Skeptical Note", *Economic Journal*, 105, pp.173–180.
Haq, M. ul *et al.* eds. (1996) *The Tobin Tax: Coping with Financial Volatility*, Oxford: University Press.
Hayward, H. (2002) *Costing the Casino: The Real Impact of Currency Speculation in the 1990s*, War on Want.
International Monetary Fund (2010), *A Fair and Substantial Contribution by the Financial Sector: Final Report for the G-20, Prepared by the Staff of the International Monetary Fund*.
Kenen, P.B. (1996) "The Feasibility of Taxing Foreign Exchange Transactions", Haq, ul M. *et al.* eds., *The Tobin Tax: Coping with Financial Volatility*, Oxford: Oxford University Press, pp.109–128.
Schäfer, D. (2012) "Financial Transaction Tax Contributes to More Sustainability in Financial Markets", *Intereconomics*, 47 (2), pp.76–83.
Schmidt, R. & Bhushan, A. (2011) *The Currency Transactions Tax: Feasibility, Revenue Estimates, and Potential Use of Revenues*, Human Development Research Paper, 2011/09.

第3章

日本における有価証券取引税の歴史的経緯とその法的評価
―― 国際的な金融取引税の導入を視野に入れて

三木義一・道下知子

1　はじめに

　世界で経済のグローバル化が進む中、世界的な貧困・保健医療・環境など、グローバル化による負の影響問題が深刻化している。そこで近年、このような問題に対処するために、その対策方法の一つとして、国境を超える国際的な活動に課税を行い、国際社会に公平な負担を実現することを目的とする国際連帯税（International Solidarity Levies）の導入に向けた議論や取り組みが、世界的に活発化している。

　その国際連帯税のうち、金融分野においては、グローバル経済の恩恵を受けており、担税力のある金融セクターに課税することで、投機的な国際金融取引を抑制し、その税収をこれらの問題に対処するための財源にしようという金融取引税（Financial Transaction Tax: FTT）の導入が欧州を中心に具体的に進みつつある。これに対して、我が国ではようやく検討され始めたに過ぎないが（2009年から2012年の税制改正大綱等参照）、歴史的にみると、そもそも金融取引への課税に無関心であるわけでもない。なぜなら、かつて、我が国は有価証券取引税という金融取引に係わる租税を課税してきたからである。

　この有価証券取引税は、取引により利益が生じるか否かにかかわらず、取引

の流通段階をとらえて流通税として金融取引に課税されるものであり、基本的には、現在欧州で具体化されつつある金融取引税と同様な性格を持つものといえよう。

本章は、我が国においても金融取引税の導入が検討され始めていることをふまえ、その前身ともいえる「有価証券取引税」について、その概要や歴史的経緯、そしてその法的評価について整理することを目的とする。すなわち、有価証券取引税の法的性格や、その導入と廃止にはどのような背景があったのか、そして、その法的評価はどのように評価され、そこにはどのような問題点があったのか、ということを検討するものである。

このように、我が国の有価証券取引税の導入から廃止にいたるまでの経緯をきちんと整理しておくこと、および過去におけるその法的評価と問題点を把握しておくことは、新たに金融取引税を導入する場合の検討材料を提供することになるだろう。

2　金融取引税と有価証券取引税

1　欧州委員会の金融取引税の概要

まず、欧州で具体化されつつある金融取引税の概要を確認しておこう。

(1) 導入の経緯と背景　2013年2月14日、欧州委員会は、EU加盟国のうち、ベルギー、ドイツ、フランス、スペイン、イタリア、エストニア、ポルトガル、ギリシア、オーストリア、スロベニア、スロバキアの11ヵ国が、2014年1月1日から金融取引税を導入する指令案 (European Commission 2013) を公表した。この指令案 (以下、「新指令案」) は、EU加盟国のうち、11ヵ国が「強化された協力 (enhanced cooperation)」の枠組みの下で互いに協調を図りながら金融取引税を導入するため、欧州委員会が策定した法案である (小立・井上 2013：138)。

EUがここまでに至った経緯を簡単に概観しよう。

2008年のリーマン・ショックによる国際的な金融危機の発生後、EUでは金融セクターに応分の負担を求め危機回避のコストを自己負担させるべく、金融機関に対する新たな課税を行おうとする動きが活発化した (望月 2014：60)。そ

の後、欧州委員会を中心に金融危機への対応の財源として金融取引税の導入の検討が進められ、欧州委員会は2011年9月、当初は加盟27ヵ国すべてを対象とするEU全域での導入を目指す指令案(以下、「旧指令案」)(European Commission 2011)を公表した。しかし、加盟国の中には金融取引税の国際的なレベルでの導入を主張して、EUレベルで金融取引税を導入することに強く反対する国があった。このため、金融取引税の導入を支持する11ヵ国が次善の策として、「強化された協力」手続きによった方法により導入することとし(小立・井上 2013：138)、この新指令案により、11ヵ国が金融取引税を導入することを公表したのである。この11ヵ国が金融取引税を先行する方針については、すでにEUレベルで認められている(小立・井上 2013：138-139)。その後の2014年5月には、EU財務相理事会は、首相辞任の表明をしたスロベニアを除く10ヵ国が、2016年1月1日に金融取引税を先行導入することで合意したことを明らかとしている。

そもそも、EUが金融取引税を導入しようとした背景には、リスクが高い取引で利益を追求した結果、金融危機によって破綻に追い込まれ、最終的に公的救済を受けることとなった金融セクターに対し、公正な税負担を求めるべきとする強い声があった(三谷 2013：1)。

欧州委員会も新指令案において、金融取引税を導入する主な目的として、①EU域内の金融取引に対する税制の調和を図り、②金融危機を引き起こした金融セクターに「公正かつ実質的な負担(fair and substantial contribution)」を求め、③将来の危機を回避する観点から金融市場の効率性を改善しない金融取引を抑止すること、を挙げている(European Commission 2013：2)。

また欧州委員会は、国際的なレベルでの金融取引税の導入を最終目標として共通ルールを策定し、世界に先駆けて金融取引税の導入をリードしていこうということも目的としている(油布 2012：62)。この目的は、将来の国際連帯税の一環としての金融取引税の導入を前提にしているため、世界規模での具体的な共通ルールの確立が望まれよう。

(2) **制度の仕組み**　次に、新指令案が予定している金融取引税の制度の仕組みを簡単に概観しよう。

① 課税対象

　金融取引税は、国際的な金融取引への課税であるため、課税管轄のルールが大変重要と考えられる（望月 2014：63）。課税対象となる金融取引は、①取引にかかわる少なくとも1当事者が強化された協力の参加国（以下、「参加国」）の法域で設立されていること、および②参加国の法域で設立された金融機関が当該取引の当事者であり、(i)自己勘定もしくは他人勘定のために取引を行っていること、または(ii)当該取引の当事者の名義で取引を行っていることという要件を満たす金融取引である（小立・井上 2013：143）。

　設立（establishment）の概念については、指令案4条第1項で「以下のいずれかの要件を満たした場合」に参加国の法域で設立されたとみなされるとしており（European Commission 2013: 24）、その概念は非常に広い。そこで、ここでは「以下のいずれかの要件を満たした場合」の要点をまとめるにとどめよう。

　まず、国際課税の「居住地原則」（residence principle）の下、参加国で「設立」された金融機関が取引を行った場合には、金融機関が参加国で設立された他の金融機関や非金融機関との間で金融取引を行う場合も含めて課税が発生することになる（小立・井上 2013：144）。

　さらに新指令案は、金融取引の参加国外への逃避を防ぐ観点から、「発行地原則」（issuance principle）を規定した。具体的には、参加国で発行された金融商品を取引する金融機関は、参加国の法域で設立された金融機関とみなされ、参加国外で行われる金融取引であっても金融取引税が課される。この「発行地原則」はフランスやイタリアの金融取引税が採用している考え方であり、新指令案で新たに加えられたものである（小立・井上 2013：145）。

　課税対象となる「金融商品」は、金融商品市場指令（MiFID）に規定された株式・債券等の譲渡可能証券、金融市場商品、金融ファンドの持分、オプション・先物・スワップ等の各種デリヴァティブ取引に加えて仕組商品（structured products）等を含んでいる（望月 2014：61）。

　課税される取引は、金融商品の売買、交換、リスクや義務の移転のほか、レポ取引やリバースレポ取引、有価証券の賃借、デリヴァティブ契約の締結・改定・売買等を含む（望月 2014：61）。

ここで注目されるのが、同じ欧州でも、フランスやイタリアの税制が主として株式に課税対象を絞っているのに対して、欧州委員会は債券やデリヴァティブを含むあらゆる金融商品を対象としていること（小立・井上 2013：145）、およびレポ取引や償還期間の短い債券に対しても一律に課税されること（是枝 2012：11）、またデリヴァティブ契約の結果として金融商品が実際に売買される場合には、その売買にも更に課税され、両方の段階で課税されるため、複雑な仕組商品では何段階にもわたり課税されることが想定されること（油布 2012：52）であり、税負担が重くなることが懸念される。

　金融取引税の納税義務者は、金融取引を行う金融機関である。金融取引の当事者双方が金融機関であれば、それぞれに納税義務が生じる（望月 2014：62）。納税義務者となる金融機関は、ヘッジファンドなどを含む非常に広い概念となっている（油布 2012：54）。金融機関を通じた取引のみが課税されるため、個人や事業会社などの間で相対取引を行った場合には、原則課税されない点が特徴的な点となっている（是枝 2012：6）。

　② 課税時期・課税標準・税率等

　金融取引税は個々の金融取引が行われた時点で支払義務が生ずる。金融取引後、取引がキャンセルされる、あるいは取引が修正されても、それがエラーによるものでない限り、金融取引税が課せられる（小立・磯部 2011：7）。

　課税標準と税率は、デリヴァティブ取引とそれ以外の金融取引に分けられる。まず、デリヴァティブ取引以外の金融取引については、取引価額（取引価額が取引時の市場価格を下回る場合は市場価格）に対して0.1％の税率が適用される。一方、デリヴァティブ取引は、想定元本額に税率0.01％を乗じて計算することになる。なお、税率については、参加国がこの標準税率を上回る税率を設定することが可能である（望月 2014：62）。このような税率水準の考え方は、①EU財政と加盟国財政にある程度寄与できるようにすること、②競争上の歪みの是正という目的に足るだけの高い率とすること、③市場の過度の反応・外部への流出を招かない程度の低い率とすることをベースとしている（油布 2012：69）。

　ここで注目されるのが、EUの金融取引税は、契約当事者双方に課税される

ことである（油布 2012：54）。すなわち、一つの取引につき、売り手も買い手も両方とも税金を払わなければならないというEUの金融取引税は、流通税という間接税ゆえに、取引を行う当事者双方に担税力があるということを前提としていると言えよう。

　納税時期は、消費税と同様に、納税義務者である金融機関がキャッシュフロー上のメリット（預り金）を享受する場合が出てくるため、電子的取引は課税可能となった時点（at the moment）、電子的取引以外は課税可能となった時点から3営業日以内に納付しなければならない（油布 2012：54）。納税義務者である金融機関が期限までに納税しなければ、当該取引の他の当事者（非金融機関も含む）が連帯して納税義務を負うこととなる（望月 2014：65）。

　(3)　**税収の使途**　　欧州委員会は年間300〜350億ユーロ（4兆2000〜4兆9000億円：1ユーロ＝140円換算）の税収を見込んでいる。税収の使途については、EU独自財源と、加盟国の分担金負担に充てるものとしている。なお、税率のところでもふれたが、参加国は、標準税率を上回る税率を設定することが可能であるため、これに上乗せして、自国の財源として徴税することも認められる（油布 2012：62）。税収の使途が国際的な公共財の供給や途上国への開発支援等への資金財源に充てられるかどうかは、今後の協議となるだろう。

2　有価証券取引税の概要

　次に、かつて我が国で実施された有価証券取引税の概要も見ておこう。

　(1)　**課税対象**　　課税対象は、株式、債券などの有価証券の売買、交換、現物出資、代物弁済、競売、公売等の有償移転があった場合に課税され、贈与、遺贈、寄付行為による無償移転や相続、法人の合併による移転については課税されない（有価証券取引税法（以下、「有取税法」）1条・2条、国税庁昭28・9・21付直資101「有価証券取引税法の取扱いについて」通達（以下、「取扱通達」）1）。課税対象の範囲については特例があり、レポ取引や償還期間の短い債券は課税されない（有取税法8条5項、7項）。

　また、有価証券を国外において譲渡した場合には課税されない（有取税法1条）。有価証券の譲渡が行われた場所がどこであるかは、その受け渡しがされ

た場所をもって判定するのが原則であるが、有価証券の保管場所が国外の保管期間であって、取引当事者の指図に基づく口座振替だけでその決済が行われるような場合には、その取引の全体を観察して、譲渡が行われた場所を判定すべきものと思われる（杉岡 1983：59）。

そして、有価証券取引税の納税義務者は、国内において有価証券の有償譲渡をした者である（有取税法5条）。

（2） **課税時期・課税標準・税率**　有価証券取引税の納税義務の成立時点は、有価証券の譲渡の時である（国税通則法15条2項10号）。有価証券の流通段階をとらえて課税する流通税の性質を有するため、原始取得または原始発行的な有価証券の移転には課税されない（前田 1953：10）。

有価証券取引税の課税標準は、売買の場合は売買価額、その他の場合は譲渡の時における価額であり（有取税法9条）、税率は、譲渡者が証券会社等であるかどうか、および有価証券の種類に応じて、廃止直前の平成10年度では0.01％〜0.3％であった（有取税法10条）。

（3） **税収規模**　1953年の導入当初、政府は初年度税収見込み額を28億3600万円としていたが、国会が解散され、第15回国会では、有価証券取引税の成立を見ることができなかった。そしてこの間、税率設定に当たり証券業界との間で種々の駆け引きがあったのである（大蔵省財政史室編 1990：96）。「有価証券取引税法」が実際に成立したのは、第16回国会の時であり（昭和28年7月31日法律第102号）、この間、当初予定されていた税率が大幅に軽減され、税収も結局、13億円程度の規模になったのであった（大蔵省財政史室編 1990：96）。

税率については当初、政府はある程度の税収を確保できると同時に証券取引が阻害されない程度の税率という前提で設定した（福光 1989：69）。

有価証券取引税廃止直前の1998課税最終年度の税収は2060億円であり、当時の名目GDPの0.04％程度であった。ただし、バブルのピーク時には有価証券取引税の税収もピークに達し、1988年度の税収は2兆1229億円であり、当時の名目GDPの0.55％程度であったが、これはバブル時に株価と取引量が大きく膨れ上がったために一時的に生じた税収であった（是枝 2012：16）。

3　両者の差異

　欧州で具体化されつつある金融取引税と我が国の有価証券取引税は、対象範囲等に差異はあるものの、両者はともに金融取引に担税力を見出していることから、その概要は基本的には同様のものであった。ここでは、少し両者の差異を整理しておこう。

　まず、課税対象の範囲はともに株式や債券を対象としているが、有価証券取引税が比較的短期に売買を繰り返すスキームの取引にかかる税負担を配慮して、レポ取引や償還期間の短い債券を対象としなかったのに対し、金融取引税はこれらに対しても課税する。かつては他の諸外国も、基本的にはレポ取引や償還期間の短い債券については課税しない方向であった（是枝 2012：11）。すなわち、金融取引税は、新たに幅広い金融商品を対象とする金融取引課税に踏み切ったのである。

　また、両者はともに流通税であるがゆえに、担税者については徴税目的上の観点から、有価証券取引税は譲渡者としたのに対して、金融取引税は取得者・譲渡者の双方としている。これらの二つの相違点から、金融取引税に関する取引当事者の税負担が重くなるであろうことが予想される。

　そして、最も大きな違いは、有価証券取引税は取引の場所を国内に限定して、独自に課税する制度であったのに対して、金融取引税は、取引の一方当事者が参加国の法域で設立されている場合に、取引の場所を問わず、国際取引についても範囲を広げ、国際的に幅広く課税を行うとしている点である。国際取引にも課税する金融取引税は、広い国際社会の場で、租税負担を公平に実現することを期待した仕組みになっているといえよう。

3　我が国の有価証券取引税の導入の背景

1　有価証券取引税の法的性格の歴史的考え方

　次に、有価証券取引税の法的性格の考え方について、歴史的にたどってみよう。
　有価証券取引税は、一般的に流通税と分類され、物的な資産の取引が行われる資産市場、ここでの取引にかかる租税である。流通税は、一般的に有価証券

取引税、取引所税、印紙税、登録免許税というような資産課税であり、間接税という租税である（神野 1995：18）。この租税に対する考え方は、もともとこの租税を課税することを正当化するための根拠は、人は平等に与えられたものについて所有権を設定することが認められていることにあるのだ、というものであった（神野 1995：19）。すなわち、土地や資本という物的生産要素は、国家が認めて初めてその所有権が正当化される。そして、その代償として租税を支払うことが要求されることになる、という理論構成である。したがって、流通税は所有権を設定するために登記または登録をすることから始まり、それが拡大して所有権の設定により権利を確保して取引を安定化させるための租税として発達してきた（神野 1995：19）。

　ところが、19世紀後半あたりから、その法的考え方が変わってくる。ドイツ財政学のロレンツ・フォン・シュタインは、流通税という概念は資産市場の取引に対する課税としての流通税、と位置づけることには変わりないが、流通税を正当化する根拠として、「不労利得への課税」として正当化したのである（神野 1995：20）。すなわち、何の生産も行われていない資産市場で取引が行われるのは、何らかの利得が得られるからであり、それゆえそこで取引が行われるのだろう、そしてその利得は、生産に寄与しない市場において生ずるものであり、生産に寄与しないにもかかわらず、利得を得られるわけであるから、そういう「不労利得」に対して租税を課税すべきだ、という理論構成により正当化したのであった（神野 1995：20）。

　ただし、この考えによれば、資本取引の不労利得というのは具体的にはキャピタル・ゲインのことであり、キャピタル・ゲインへの課税、すなわち応能的に課税するものが流通税の本質だという位置づけとなる。これに対し、そうではなく、流通税は市場に着目している租税であり、応能的に課税できるわけではないため、現実には、家計に対してかけられる所得税のような人税が存在し、それを補完する租税として有価証券取引税という流通税が存在するのだという見解もある（神野 1995：20）。

　ところで、日本の有価証券取引税の歴史を検討する場合には、名称は異なるものの、その実質は同一で、有価証券取引税の前身といえる有価証券移転税に

触れないわけにはいかない。そこで、この税から紹介していこう。

2　有価証券取引税の前身——有価証券移転税

(1)　導　　入　　有価証券移転税は1937年に、有価証券の移転に課される流通税として創設された。世界的に見れば、やや出遅れており、これは日本の資本市場が未発達であったことに起因している。日本の流通税を歴史的にみると、不動産取引税に比べて資本取引税の整備が著しく遅れているという背景があった（神野 1996：5-6）。

　実は、有価証券移転税創設の最も重要な理由は、このような不動産取引税と資本取引税との課税の設定に対する相違の不満にあった。昭和恐慌に打ちのめされた農村には、不動産に係る租税が重くのしかかっていたため、このような農村を救済し、軽課されている金融資産への課税を強化せよという声が広がり、こうした不満を背景に勃発した二・二六事件を引き金に、有価証券移転税は創設されたのである（神野 1996：6）。当時の馬場税制改革案では、この点につき、不動産の移転に登録税を課しながら、有価証券の移転に流通税がないのは不均衡である、とする（大蔵省昭和財政史編集室編 1957：363）。また、大蔵省主税局の内部文書では、まず第一に、この点につき、「不動産ノ移転ニ登録税ヲ課シ有価証券ノ移転ニ一般的交通税ナキハ不権衡ナルヲ以テ之カ移転ニ課税スルハ適当トスヘキコト」と説明している（神野 1996：6）。ここでの「交通税」は流通税と同義である。すなわち、不動産の移転には流通税が課税され、有価証券の移転には流通税が創設されていないということが、前述した最も重要な創設理由だったのである（神野 1996：6）。

　その他の理由として、②有価証券取引の増加は、財源として適当であること、③有価証券は、概して有産階級に所有せられ、致富の手段となっているので、その移転に課税することが適当であること、ならびに④所得税、財産税の課税上の調査に資すること等が、挙げられた（大蔵省昭和財政史編集室編 1957：363）。

　これらの理由を整理してみよう。まず前述したように、一番目は不動産と金融資産のバランスをとるという考え方であり、二番目の有価証券取引は財源と

して適切だという場合には、戦時の財政需要に対処するためにも、課税ベースの広い資産取引に係る税金は、戦時増税として好ましいという考え方である（神野 1995：21）。三番目の理由は、当時総合累進課税を導入することを検討する中、キャピタル・ゲイン課税は考えていなかったため、キャピタル・ゲイン課税の代替税として、有産階級の有価証券の移転に課税するべきという考え方である（神野 1995：21）。そして四番目の理由は、同時に総合合算の所得税や純資産税も導入することから、税務行政上、課税関係を網羅することの難しさの点で、何らかの形で財源を担保するために、有価証券の移転に課税して、税務行政上の問題を解決しようとする考えであった（神野 1995：21）。

　この有価証券移転税の創設に当たり重要な点は、有価証券移転税が、あくまでも有価証券の所有権の移転、すなわち有価証券の市場取引を国家が保護する代価に対する流通税として制度設計されたという点である（神野 1996：6）。すなわち、文言的にはキャピタル・ゲイン課税の代替税としながらも、有価証券の移転に対する課税は、流通税として一律に売買価額に課税する法形式をとったのであり、キャピタル・ゲイン課税のような経済的能力の増加に対する課税ではなかったのである（神野 1996：6）。この点からも、有価証券取引税の前身である有価証券移転税とキャピタル・ゲイン課税は、その法的性格は異なるものといえよう。

　なお、一般に流通税は、税の負担が誰に帰属するかを予定していない。いずれの負担になるにしても、国家によって保護される市場取引の利益を享受する者の負担となるからである（神野 1996：4）。したがって、納税者については、徴税技術上の観点を重視すればよく、有価証券移転税は、貨幣を支払う取得者を、納税者としたのであった（神野 1996：6）。

　(2)　廃　　止　　このように戦時中に創設された有価証券移転税は、戦後のシャウプ勧告に基づく1950年の税制改革の際に廃止された（前田 1953：9）。シャウプは、この有価証券移転税というのは、直接税が発達していない時代の遺物であると考え、時代遅れの租税とし、廃止を勧告し、廃止に至った。その背景には、キャピタル・ゲインについては経済的能力によるものであるため、直接税でやるべきとして、総合所得税の中にキャピタル・ゲイン課税として導入し

た上で、その代わりに有価証券移転税は廃止するという構図があった（神野 1995：21-22）。この背景を見ると、有価証券移転税の代替税として、キャピタル・ゲイン課税を導入したように思えるが、そもそも両者の法的性格は異なり、ここには何の法的意味も存在していない。それは、有価証券移転税の廃止の代わりに、単に徴税をどこで行うのか、すなわち、所得再分配を意識していたシャウプ勧告のように直接税で課税するのなら、総合所得税の中で、キャピタル・ゲインは全額課税、キャピタル・ロスは全額控除（大蔵省財政史室編 1990：35）という課税形式としたにすぎないと考えられよう。

3　有価証券取引税としての復活

(1)　**キャピタル・ゲイン課税の廃止**　1953年の税制改正により、シャウプ勧告により総合所得課税の中に導入されていたキャピタル・ゲイン課税が廃止（原則非課税）され、その代わりに有価証券取引税が創設された（神野 1995：22）。両者の経緯を追うと、有価証券取引税の前身である有価証券移転税の代わりにキャピタル・ゲイン課税が登場し、その後、キャピタル・ゲイン課税の廃止により、その代替税として有価証券取引税が誕生したこととなる。

　ところで、戦後の先進諸国で共通に形成された租税政策の理念とは、どのようなものであっただろうか。それは、戦時に形成された高水準な租税負担を前提に、社会政策や経済政策の政策手段として租税政策を活用すべきという政策理念であった（神野 1996：2）。シャウプ勧告も、この戦後の共通した租税政策の理念を反映し、租税政策を社会政策の手段として活用する政策意図を抱いていたため、所得再分配を意図し、包括的所得概念にもとづく所得税を基軸に租税体系を形成していった（神野 1996：7）。このシャウプ勧告に基づく総合所得税のもとでは、利子所得と配当所得が総合課税されるだけでなく、キャピタル・ゲイン課税についてはキャピタル・ゲインは全額課税、キャピタル・ロスは全額控除とされ、キャピタル・ゲイン課税は、所得税と法人税を統一的な税制にするための不可欠な要素と考えられていた（大蔵省財政史室編 1990：35）。事実、このキャピタル・ゲイン課税は、日本の所得税制を包括的所得税にした象徴的な制度であったといえる（大蔵省財政史室編 1990：35）。

ところが、戦後復興を遂げようとしていた日本は、社会政策の手段という「所得再分配」とともに、あるいはそれ以上に経済政策の手段として「資本蓄積」が政策課題として意識していたため、この点、キャピタル・ゲイン課税は「資本蓄積」を阻害し、かつ「健全な証券市場の育成を図る」という観点から好ましくないという声が強まっていった（神野 1996：7）。そのため、戦後の租税政策の理念のうち、経済政策の「資本蓄積」の必要性を考慮して、1953年の税制改革で所得税のキャピタル・ゲイン課税は廃止されたのであった。

なお、キャピタル・ゲイン課税の問題には、徴税技術上の問題があった（大蔵省財政史室編 1990：35）。キャピタル・ゲイン課税の実績が上がらなかったのである。後に述べるが、この背景には、税務官庁の能力の問題もあったが、同時に税務官庁への証券業界の非協力があった。キャピタル・ゲインからの税収は1951年では3億3800万円程度で、申告所得税に占める割合はわずか0.45％であり、これはごく一部まじめに申告する分からの税収で、おどろくことに、大部分は課税をまぬがれていたものと推定されていたのである（大蔵省財政史室編 1990：36）。キャピタル・ゲインを把握するための納税者番号などの制度の裏付けなくしては、当然に予想される結果であったとされ、「有価証券の譲渡所得の課税を完全に行うための基盤は日本に存在しなかったといっても極言ではないといえる位であった（大蔵省財政史室編 1990：36）」との声もあるほどで、当時、キャピタル・ゲイン課税の捕捉体制の網羅的な確立がなされていなかったことがうかがえよう。

蛇足ではあるが、有価証券のキャピタル・ゲイン課税の廃止にあたっては、さらにより実際的な理由が二つ存在していた（大蔵省財政史室編 1990：35-36）。一つは証券業界からの強い要望であり、もう一つは税収がさして確保できないという財政当局の悩みであった。このような事情は、当時渡辺喜久造氏の一文「28年の税制改正で制度的に見て一番大きな問題は、有価証券の譲渡所得の課税廃止という問題だと思います。それは証券業者としては非常に希望していたものですから、ひとつは今やってもそう違わないと思いますが課税実績が上がらない。これは税務署の能力の問題もありますが、同時に証券業者の連中が全然協力を希望しないで、これをどうかしてふせて貰いたい、止めて貰いたい。

といったような情勢が強く、それでぼくの就任前にそれじゃ有価証券譲渡課税はやめよう、これにかえて有価証券の取引税を作ろうということで、謂わば業界の希望に乗った訳ですが……。(大蔵省財政史室編 1990：36)」によって明らかであろう。

(2) **有価証券取引税の導入の経緯**　戦後復興を遂げようとしていた日本にとって、戦後の租税政策の理念のうち、経済政策の「資本蓄積」の必要性を考慮して、キャピタル・ゲイン課税を廃止して課税ベースを狭めることも、この租税理念を一部反映しているといえたが、その一方で、この租税政策のうちの、もう一つの目的である租税政策を社会政策の手段として活用し、「所得再分配」を図るという課税目的を無視するわけにもいかなかった。すなわち、キャピタル・ゲインを廃止して放置しておくわけにはいかなかったのである(神野 1996：7)。

そこで、キャピタル・ゲイン課税の代替税として、有価証券取引税は創設されていく。もちろん、創設された有価証券取引税は、有価証券移転税の再生であることには間違いない。しかし、その再生は、元の姿のままでの再生ではなく、化身を図って、キャピタル・ゲイン課税の代替税として創設される必要があった。そこには、キャピタル・ゲイン課税の代わりだという観念を入れる意味において、創設する有価証券取引税も、譲渡したほうに課税したほうがいいという政治的な背景があったからである(大蔵省財政史室編 1990：95)。当時の平田敬一郎大蔵省事務次官によると、「配当控除をそのままにしておいて、譲渡所得税をやめてしまうということは税の専門家として気持が悪いので、まあ有価証券取引税というのを作って、これで徴ろうといって国会で説明した(大蔵省財政史室編 1990：38)。」とし、ここからもそのニュアンスがわかる。

そもそも、キャピタル・ゲインは有価証券の譲渡者に生じる。ところが、有価証券移転税の納税者は取得者であった。そこで有価証券移転税をキャピタル・ゲイン課税の代替税として再生させる以上、納税者をキャピタル・ゲインが発生していると想定される譲渡者に改め、名称も有価証券取引税と変更して、変身させる必要があったのである(神野 1996：8)。

こうして、1953年に有価証券取引税が創設された。実際に、納税者を譲渡者

として変身を図っただけで、奇妙なことに有価証券取引税はキャピタル・ゲイン課税の代替税だという信仰が、日本において受け入れられたのであった（神野 1996：8）。

有価証券取引税が誕生した背景には、租税政策を「所得再分配」という社会政策と「資本蓄積」という経済政策の手段として活用すべきだという戦後の租税政策の政策理念の、この相互の課税目的が対立したため、有価証券取引税がこの対立を微妙なバランスの上で解消するために、このような戦後の租税政策の理念を体現して誕生したということが言える（神野 1996：8）。すなわち、日本の有価証券取引税は、戦後の政策理念、租税政策を社会政策と経済政策の手段として活用するという理念のシンボル的存在なのであった（神野 1996：3）。

そもそも、世界の有価証券取引税自体は、租税のうちで主役を演じるような基幹的な租税ではなく、脇役にすぎない。しかし、日本の有価証券取引税は、このような誕生の背景ゆえに、戦後の租税政策の理念を体現して誕生したという役回りを演じたのであった。

なお、ここで興味深いのは、有価証券取引税の創設をめぐる政府の見解が、証券民主化（証券取引）を阻害しないために有価証券の譲渡に対する所得税は廃止するが、いわば一種の流通税的なものとして、やはり有価証券の取引のあるところには相当の担税力があるから、証券民主化（証券取引）を阻害しない程度において有価証券取引税を課すというものであり（福光 1989：69）、キャピタル・ゲイン課税と有価証券取引税は別個に取り扱うべきであるとしている点である。すなわち、この機会に有価証券取引税を課税するということについては、他方で有価証券の譲渡に対する所得税を廃止したから、その代償だということではなく、有価証券取引税の創設当時から一貫して、両者の課税問題を切り離して、有価証券取引の背後にある担税力に着目し、同取引を阻害しない程度の税率を課したものが有価証券取引税だとの立場をとっていたのである（福光 1989：67）。

4　小　括

このように概観してみると、我が国の有価証券取引税は、戦後の先進諸国の

租税政策の理念、すなわち租税政策を社会政策と経済政策の手段として活用するという理念を背負って誕生したものであり、租税負担公平の実質化を意図したものであったといえよう。

4　有価証券取引税の推移——有価証券取引税の廃止の背景とともに

1　導入後の有価証券取引税の動向

　有価証券取引税の税率は、導入後8回変更された。そのうち1956年度に公社債証券等について引き下げられたのを例外として、1973年度と1978年度には株式等が引き上げられ、1981年度には株式等と公社債証券等のいずれもが引き上げられるなど、有価証券取引税は課税強化の歴史を歩んできた。しかし、1987年度改正で転換期を迎え、転換社債等が引き上げられる一方、株券等、地方債証券、社債券等は引き下げられることとなり、課税強化一方であった道のりから一転し、その後は税率引き下げの道をたどって行ったのである（福光 1989：71）。1989年度の改正では、キャピタル・ゲイン課税の原則課税の復活とともに、「証券市場の国際化への配慮」を強調し、有価証券取引税も大幅に引き下げが実現することとなった。その後1996年と1998年の引き下げ後、1999年に有価証券取引税は完全に廃止されるに至った。

　これまでの有価証券取引税の税率変更について、1973年度、1978年度、1981年度の引き上げ時では、政府は常に有価証券の背後にある担税力をその理由に挙げてきた。前述したように、政府はキャピタル・ゲイン課税に対する所得税課税問題と有価証券取引税の問題とを区別する立場として、このような理由づけを保持してきたといえよう。そして、税率の決定に当たっては、証券取引を阻害しないようにという共通した前提をとってきた（福光 1989：67）。これは有価証券取引税創設時から一貫した論理をとっているといえよう。

　これに対して、「証券市場の国際化への配慮」という論理は、有価証券取引税創設時になかった論理である（福光 1989：73）。1973年度から1981年度までは、この「証券市場の国際化への配慮」を税率引き上げの正当化の理由として用いているが、これは税率を国際水準と比較しても、まだ引き上げてもよいの

だ、と言っているにすぎない。ところが、先進主要国の中で日本より有価証券取引税率が唯一高かった英国が、1986年にその有価証券取引税にあたる譲渡印紙税を1％から0.5％に引き下げると、国際的な比較から、有価証券取引税を引き下げざるを得ない状況になり、1987年度には、課税の均衡に加えて、証券市場の国際化を引き下げの理由として初めて挙げることとなった（福光 1989：71）。その後のキャピタル・ゲイン課税が原則課税となった1989年度の引き下げについても、証券市場の国際化を理由として税率が大幅に引き下げられ、最終的には1999年に完全に廃止に至った、というのが廃止までの経緯である。

ここで重要な点は、1987年度以後の税率引き下げの根拠として「証券市場の国際化への配慮」が強調され始めたことである。すなわち、政府が市場の国際化を根拠としつつ、有価証券税率を引き下げ、最終的には廃止したこと、このことは、その時代のある一つの大きな租税政策のニーズから生じたものではないだろうか。言い換えれば、有価証券取引税について、ある法的問題点が生じていたゆえに、その問題を解決するために有価証券取引税自体が引き下げられ、最後には廃止に至ったのだ、という論理である。その法的問題点、すなわちその時代の租税政策からのニーズはどのようなものだったのだろうか。有価証券取引税の引き下げについて、「市場の国際化」を根拠にしているところからも、その法的問題点を世界的な視野で検証する必要があるだろう。

その検証の前提として重要な出来事は、有価証券取引税が廃止に至るまでの間、第二次世界大戦後に先進諸国で共通に形成された租税政策の政策理念が、1980年代に大きな転換を遂げたことである。この大転換した租税理念は、有価証券取引税の廃止に当たり、大きな影響を及ぼしたのである。したがって、有価証券取引税の法的問題点を検証する前提として、この租税理念を考察することは、大きな意義があるだろう。そこで、戦後の租税理念が大転換を遂げた背景とともに、この租税理念に焦点を当ててみよう。

2　租税理念の大転換

有価証券取引税が廃止に至るまでの間、第二次世界大戦後に先進諸国で共通に形成された租税政策の政策理念が、1980年代に大きな転換を遂げた。この租

税政策の大転換を推進した要因こそ、世界経済のグローバル化にある（神野 1996：2）。有価証券取引税が廃止に至った法的問題点——租税政策からのニーズも、この大転換した租税理念が根底にある。

第二次世界大戦後に先進諸国で共通に形成された租税政策の理念とは、戦時に形成された高水準な租税負担を前提にして、社会政策や経済政策の政策手段として租税政策を活用すべきだという政策理念であった（神野 1996：2）。この租税政策は、租税政策によって市場経済に介入したほうが、国民経済は順調に発展するのだという思想に裏打ちされていたため、戦時中に形成された急峻な累進所得税と法人税といった高い租税負担を戦後にわたって恒常化することを、正当化したのであった（神野 1995：13）。この急峻な累進所得税や高率の法人税課税は、所得再配分という社会政策の目的に適合するだけでなく、同時にマクロ的経済運営の手段としても適合的だと考えられた（神野 1996：2）。したがって、社会政策や経済政策の手段として租税政策を活用する政策理念においては、戦時中に形成された高い負担水準と、累進的な租税負担構造を維持すべきであり、それが社会正義や国民経済の適切な運営をもたらすものと理解されていたのである（神野 1995：13）。

ところが、1980年代になると、この思想は大転換を遂げる。すなわち、租税負担は低い方が望ましく、租税政策が市場経済に介入しない方が、国民経済は発展するのだ、と180度思想が転換したのである（神野 1995：14）。このような租税政策の大転換は、世界経済のグローバル化、ひいてはボーダレス化が進んだため、国際間の資本移動が著しく激化したことに起因したのであった（神野 1996：3）。

もともと、それまでの租税理念は、租税というものを所得再配分や経済安定化の政策手段に利用すべきだとしていたが、そのためには、ある程度国民経済が世界経済から遮断されていて、閉鎖的なシステムになっていることが前提となる（神野 1995：14）。ところが、世界経済がグローバル化に伴い、国境がボーダレス化する中で、国境管理がうまくいかなくなってくると、政府は所得再配分や経済の安定化といった国民経済そのものを総括できなくなってきた。したがって、法人側からいえば、租税負担水準が高い国よりも、租税負担水準その

ものが低い国を選択して流出していくことになる。そうすると、租税負担水準が低くて、累進的でない構造を持った租税負担構造を目指す租税理念が、市場に対して中立的な税制なのだということを根拠に、正当化されてくるようになったのである（神野 1995：14）。

すなわち、1980年代に大転換したこのような租税理念こそが、我が国の有価証券取引税の引き下げと廃止に至った経緯の根底にあったのである。したがって、この理念を概観し、これを整理して理解しておくことは、有価証券取引税の法的問題点を検証する上で、重要なカギとなろう。

それでは、流通税としての有価証券取引税が廃止に至った世界的な時代背景とともに、その法的問題点―租税政策からのニーズを検討しよう。

3　有価証券取引税と国際市場の展開

1980年に入ると、世界経済のグローバル化もしくはボーダレス化は、これにより国際間の資本移動が著しく激しくなったために、世界の租税政策に決定的なインパクトを与えた。そのため世界各国に残存していた流通税としての有価証券取引税も、抜本的な見通しを迫られていく。というのも、国家間の資本取引が激しくなると、その取引が国民国家の保護のもとに行われているという流通税の課税の根拠が薄弱化する。むしろ国民国家による保護は、グローバル化していく資本市場取引を保護するどころか、阻害するという認識が深まっていくのである（神野 1996：8）。すなわち、有価証券の市場取引に与える国民国家の保護という利益よりも、有価証券取引税の負担による不利益のほうが大きいと認識されるようになったのである（神野 1996：8-9）。

この有価証券取引税の負担による不利益を認識する時代背景には、世界的に見て、どのような流れがあったのだろうか。

戦後、経済成長が続く中、税金の主な担い手が法人投資家となっていくにつれて、市場の厚みが増していく一方で、経済のグローバル化、すなわちボーダレス化も進み、国際間の資本の移動が著しく激しくなっていった。ここで重要な点は、戦後の世界各国の証券市場における注目すべき共通の変化である。すなわち、戦前の証券市場における主な担い手であった裕福な個人が、戦後にお

けるインフレの進行と累進所得課税の導入で投資余力を失い、相対的地位の減退をたどる一方、これに代わって各種の貯蓄資金を吸収して発展したいわゆる機関投資家と呼ばれる法人が、証券投資を活発化して、積極的に証券市場に進出してきたという世界共通の変化が起こったのである（田辺 1985：199）。

　我が国においても、有価証券取引税創設後、有価証券取引の主体、すなわち有価証券取引税の担い手は大きく変化した。前述のように、有価証券取引の主体が個人から法人に代わったのである（福光 1989：68）。その変化を具体的に検証しよう。

　我が国の有価証券取引税の税収はそのほとんどが株式等から上がっていたため、有価証券取引税との関係について考える場合、株式流通市場に着目することとなる。その株式流通市場では、有価証券取引税の創設後、投資部門別売買高で個人の構成比が大きく低下し、取引の主体は法人に移行していった（福光 1989：74-75）。ある分析では、有価証券取引税創設当時にはその税収の過半を直接個人が納めていたが、バブル時の1986年度には全体の20％程度まで個人の比率が下がっているという推計がなされている（福光 1989：75）。なお、このように有価証券取引税の主な負担者が個人から法人へと急速に変化してきたという実態は、有価証券取引税を個人の所得税におけるキャピタル・ゲイン課税の代替税と意義づけることには、この当時においてもかなり無理があったことを示していることとなろう（福光 1989：75-76）。

　このように、有価証券取引税の負担による不利益を認識する時代背景には、世界的に共通して、有価証券取引の投資主体が個人から資力を持つ巨大化した法人へと変化した経緯があったのである。

　こうした時代背景とともに、世界経済のグローバル化により国家間の資本取引が激しくなったことが起因して、世界の租税政策は大きく影響を受けた。すなわち、前述したように、有価証券の市場取引に与える国民国家の保護という利益よりも、有価証券取引税の負担による不利益のほうが大きいと、世界的に認識されるようになったのである。

　この世界的に共通した不利益とは、どのようなものであっただろうか。まず、自国においては、有価証券取引税という取引コストの負担から取引自体を

抑制してしまい、国内の市場の厚みがなくなることで市場の効率性を失い、自国の経済自体が冷え込んだこと、そして世界経済のグローバル化により国際間の資本移動が飛躍的に激化して、有価証券取引税というコスト負担を避けるために、国内市場の有力な担い手である法人が、取引と共に租税負担のない海外に流出することにより、もしくは海外からの外国投資家が国内の市場に入ってこなくなったことにより、取引自体が海外に逃げてしまったために、国内市場の空洞化を招き、税収も当然に確保できなくなったこと、という不利益である。そしてこの不利益のほうが有価証券の市場取引に与える国民国家の保護という利益よりもはるかに大きく、各国の実体経済に影響を及ぼす大きな問題であると認識しかつ実感したのであった。ここに、有価証券取引税の世界的に共通な問題点が生じたわけである。

　ではこの問題点のために、世界はどのようにその解決に向けて動き出したのだろうか。

　世界経済のグローバル化が進む1980年代になると、この租税政策の検討課題は国境を越え始め、資本移動という恐怖におびえながら、それぞれの国が租税体系の全面的な見直しを実施した(神野 1996：3)。すなわち、前節で述べたように世界の租税理念が大転換を遂げ、その理念がここに体現されたのである。具体的にいえば、租税負担水準を引き下げ、租税政策を社会政策や経済政策の手段として活用することを、むしろ否定する方向を目指し、税制上の優遇措置を廃止して課税ベースを広げ、税率の引き下げを目指したのであった(神野 1996：3)。

　したがって、有価証券取引税自体についてもそれぞれの国で全面的な見直しの対象となり、縮小あるいは廃止という動向が鮮明となった。

　この問題点により、有価証券取引税に関する諸外国が行った具体的な対策は、以下のとおりである。英国は、譲渡印紙税の税率を1984年に2％から1％に、1986年に1％から0.5％へと相次いで引き下げた(神野 1996：9)。ドイツは1991年に取引所税を廃止した。さらにフランスも、1991年に一つの取引の税額に上限を設け、1993年に一定額以下の取引について非課税とし(是枝 2012：4)、1994年に非居住者の有価証券取引税を撤廃した(恩田 1995：7)。現在のフラン

スの有価証券取引税は、非上場株式の取引についての課税(この租税では、上場株式の取引については非課税)となっている(是枝 2012：4)。またスウェーデンは、1984年に株式に対し、1989年に債券に対して有価証券取引税を導入したが、同国の証券取引の海外市場への流出を経験した結果、1991年に全面的に廃止した(恩田 1995：7, 8)。香港も、印紙税の税率を1998年に0.15％から0.125％、2000年に0.1125％、2001年に0.1％に引き下げている(是枝 2012：4)。

こうして、世界経済のグローバル化により1980年代における世界的な租税政策の大転換が遂げられ、国際競争力を求める声に圧倒されながら、世界に共通した問題点を解決すべく、有価証券取引税は縮小・廃止に至ったのであった。

我が国の有価証券取引税についても、その問題点は前述したとおり、世界的に生じた問題点と同様である。そして、諸外国より遅れたものの、この問題点を解決するために、同じの道をたどったのであった。ただし、その背景には、我が国独自のものがあった。以下、概観しよう。

前述したように、我が国においても1980年代に入り、株式流通市場の投資主体が個人から法人へ移行したため、株式流通市場の担い手に変化が起こった。この変化が意味していることは二つある(福光 1989：76)。一つ目は、法人部門の売買回転率の急上昇を伴ったことである。二つ目は、売買の大口化を伴ったことである(福光 1989：76, 78)。このような変化に伴い、市場の主な担い手となった法人が勢力をあげて巨大化し、日本の経済や金融に対して大きな影響力を持つようになった。それにより、市場の主な担い手である法人は、取引コストとしての有価証券取引税や手数料に敏感になり、そのコストは大きな負担となっていた。加えて、1980年12月の改正外国為替および外国貿易管理法の施行により内外証券取引が原則として自由化されたもとで、市場の国際化(たとえば日本株の海外市場の形成や内外証券会社の相互進出)は、市場の主な担い手である法人にとって、市場が選択可能になったことを意味した(福光1989：85)。すなわち、産業構造が情報化して資本が世界中を見渡して、最適なところを選択できるような状況となったのである(神野 1995：14)。

そして海外の市場では、日本より一足早く手数料の自由化や有価証券取引税率の見直し・撤廃がなされたため、このような状況のもとで、日本の市場関係

者にとっては、有価証券取引税や手数料などの取引コストを引き下げなければ、取引が海外市場に流出し、日本市場が空洞化するという恐れが現実的なものとなったのであった（福光 1989：85）。

実際、いくつかの報道から、有価証券取引税や手数料などの日本の高い取引コストを嫌って、取引が日本市場から流出するという二つの現象が出ていた（福光 1989：83）。一つは外国投資家が日本株を売買する際、［取引所］市場を経由しない［外外取引］を利用するケースが急増大したという現象であり、もう一つは日本の投資家が、海外に日本株の注文を出すという現象であった（福光 1989：83）。こうして、日本株市場が海外にも形成されたことと共に、外国市場と国内市場のうち有利な方を選択できることになったため、日本経済に多大な影響力を持つ巨大化した市場の投資主体である法人がこのような現象を示したことにより、政府は、有価証券取引税の取引の投資抑制効果によって落ち込んだ国内の株式市場の活性化を狙うためのみならず、日本市場の空洞化を避けるべく、まさに「市場の国際化」に配慮して、有価証券取引税の税率を引き下げ、最終的には、廃止に至ったのであった。

4 有価証券取引税をめぐる法的問題点

有価証券取引税は、こうした国際的潮流の中で廃止になったが、我が国特有の法的問題もないわけではなかった。それらのうち、次の二つを検討しておこう。

(1) **キャピタル・ゲイン課税との関係**　1989年度の改正で、キャピタル・ゲイン課税の原則課税の復活とともに、有価証券取引税も大幅な引き下げが実現することとなり、1999年に有価証券取引税は完全に廃止された。このキャピタル・ゲイン課税の復活と有価証券取引税率の引き下げおよび廃止の組み合わせには、何か意味があるのだろうか。

キャピタル・ゲイン課税は、人に着目した国民の経済的能力の増加に対する課税という能力原則による人税であり、一方有価証券取引税は、有価証券の所有権移転、すなわち有価証券の市場取引を国家が保護する代価として課税されるという利益原則による流通税であって、両者の法的性格は異なる。有価証券

取引税の創設の際の考察でも、同時にキャピタル・ゲイン課税が廃止された背景ゆえに、「代替税」という文言が使われたが、そこには法的意味での代替性は存在していない。

また、前述したように、有価証券取引税収のほとんどが公社債流通市場ではなく株式流通市場から上げられてきたところから、株式流通市場に着目すると、株式流通市場では、その担い手が個人から法人に急速に変化していった。このことは、取引の主体が個人から法人に代わった結果、有価証券取引税収の過半は法人によって支払われていることを意味する。とすると、有価証券取引税を、個人所得にかかる所得税における有価証券譲渡益課税の代替とだけ意義づけるだけではすまないのである（福光 1989：68）。代替税であれば、負担者は変わらないはずであり、この有価証券取引税の負担者が異なる点においても、異なる税金であったといってよい。すなわち、キャピタル・ゲイン課税の復活と有価証券取引税率の引き下げ、ひいては廃止の組み合わせには、法的意味は何らないのであり、単に徴税をどこで行うのか、という技術的な意味しか持たないのである。

(2) **レポ取引との関係**　有価証券取引税の税率は、証券市場に阻害がないように、廃止されるまでの間、低率で推移していた。しかし、1年以内の短期金融取引であるレポ取引に、この有価証券取引税が大きな影響を与えていたのである。

レポ（repo）という語は、米国のrepurchaseという語、つまり買い戻すということに由来する。債券を売却し、一定期間後再び買い戻すという売買形式による取引であり、我が国では「債券現先取引」がこれに該当する。一方、法律構成が異なり、債券を相手方に貸して、その担保として資金を受け取るという債券賃借形式による取引もレポ取引と呼ばれることがあり（広義のレポ取引）、我が国では「現担レポ取引」がこれに該当する（本多 2006：208）。このようなレポ取引は、日本だけでなく、各国で1990年代頃から急速な発展を遂げ、短期金融市場において中核的な地位を占めている。

前述したように、実はこのレポ取引に対し、有価証券取引税は大きな影響を与えていた。そして、この影響のために、我が国ではレポ取引について有価証券

取引税が課されないように、変形した取引形態をとった経緯があったのである。

有価証券取引税は、有価証券の譲渡に課税するものである。譲渡とは、財産権をその同一性を保持しつつ他人に移転させることを指す用語であり、売買のほか、交換、贈与、現物出資、代物弁済、消費貸借などがそれに含まれる。しかし、有価証券取引税法では、レポ取引との関係では、「消費貸借及びその終了の場合における譲渡」は課税対象外としていたため（有取税法8条5項）、現金担保付債券消費貸借（本多 2006：220）形式による現担レポ取引は課税対象から除外されていた。その一方で、レポ取引のうち債券現先取引のような買戻条件付き売買取引は売買である以上、有価証券取引税が課税されるという点が重要であり（本多 2006：252）、問題視されていた。

有価証券取引税は流通税であるから、税の累積を排除しない。したがって、有価証券取引税の税率が低率であっても、債券現先取引などの短期売買取引にとっては、高いコストの税率に転化する（中島 2004：2）。取引期間が短くても一つの取引に課される税額は変わらないから、課税のインパクトは大きい（本多 2006：251）のである。この課税分は、証券会社または投資家が負担することになるため、有価証券取引税が課されない取引形態があれば、それにシフトすることになるし、投資家（資金運用者）からみれば、有価証券取引税が課される現先取引で運用するのであれば、銀行のCD（譲渡性預金）や短期国債のように有価証券取引税の対象外であるもので運用する方が有利であり、当然にそちらを選好することになる（本多 2006：251-252）。実際に、金融自由化の進展と共に、有価証券取引税の課税対象となる債券の現先市場は消滅してしまい、1985年以降、現先市場は政府短期証券等の非課税債券の市場にすぎず、売買形式によるレポ取引も創設することは不可能であった（中島 2004：2）。

そこで、1996年の時点で、有価証券取引税との関係で現先取引は利用できないとの状況の下（本多 2006：247）、売買形式のレポ取引を変形させ、債券賃借の形式による現担レポ取引という取引を導入し、有価証券取引税の課税問題を解決したのであった（本多 2006：241）。

ただし、不幸なことに、このことがレポ取引の概念との関連で混乱を招いたり、日本のレポ取引は、わかりにくいとの印象を与える要因となった（本多

2006：247)。欧米では売買構成をとる狭義のレポ取引が存在していた中で、日本では狭義のレポ取引が存在しない（売買構成をとる現先取引はあっても、それはレポ取引の機能を果たしていない）ため、このように誕生した債券賃借構成をとる現担レポ取引は、海外の人にはあまり理解されなかったようであったという（本多 2006：247)。また、国内の者にとっても、現金担保付債券賃借という法律構成は、有価証券取引税を回避するための便法にすぎないという印象があった可能性が指摘されていた（本多 2006：247)。

その後1999年に有価証券取引税が廃止されると、2001年には売買形式による新しい債券現先取引が誕生し（中島 2004：2)、国際標準のレポ市場を創設する、新たな展開を遂げたのであった。

このように、有価証券取引税は短期金融取引であるレポ取引に多大な影響を与えてきた。課税対象とならないような取引形態を導入するなど、証券業界も悪戦苦闘していたことがうかがえる。なお、有価証券取引税廃止前は、証券会社から、債券の現先取引を有価証券取引税の対象とすることは、他の金融商品との競争上、不利な立場におかれることになることを理由に、非課税とする要望が寄せられていたが、当時の大蔵省は税収確保という財政上の理由から、それを拒否していたのであった（本多 2006：253)。

5　小　活

こうしてみると、我が国の有価証券取引税は、もともとは不動産取引との租税負担の公平を実現するために国内の有価証券取引に担税力を見出して導入された。その後、キャピタル・ゲイン課税が適正に実施できないことの代替的措置に理由付けが変わったものの、社会政策的な役割を維持してきた。しかし、国際社会の潮流に応じて、有価証券取引が国際化していく中で、国際社会が自国内取引に限定して有価証券取引税を課税することの不利益を避けるために衰退させていったことに歩調を合わせて廃止したことになったのであった。

5　おわりに

　以上のように、我が国の有価証券取引税の推移を検討すると、それを廃止せざるを得なかった決定的要因は、租税理念の国際的変遷と市場のグローバル化の中で、課税対象が国内取引に限定されており、しかも、各国がそれぞれ独自に課税するという制度の下での不利益を回避せざるを得なかったことにある。これに対して、現在議論されている国際連帯税や金融取引税は、課税対象を国際取引にも広げ、国際社会の連携の中で課税徴収を図り、そのことを通じて、国際社会における公平な租税負担を実現しようとするものである。

　前述したように、これらの租税は取引により利益が生じるか否かにかかわらず、金融取引に担税力を見出して、取引の流通段階をとらえて流通税として金融取引に課税するものである。そして、我が国の有価証券取引税で実現を図った、戦後の租税負担公平の実質化という租税理念は、国際社会における公平な租税負担を実現しようとする国際連帯税や金融取引税の租税理念と共通するものである。したがって、今後導入が具体化しつつある金融取引税は、国際社会に目を向けて、国際金融取引にも課税することから、有価証券取引税が世界的に衰退した原因を取り除き、租税負担の国際的応能負担を改めて実現するものとなるだろう。

　ただし、ここでは本章の射程範囲外のため詳細は割愛するが、金融取引税には、制度設計上や執行上の問題も多い。しかし、そうした問題については、導入に向けた今後の具体的な課題として、国際的な合意を図りながら解決されることが望まれよう。

　21世紀の今日、一国課税主義が全く機能しなくなっていることは誰の目にも明らかであり、国家の専権とされている課税権を相互に制約・調整し、金融取引に合理的な課税を実現することが、国際社会の課題であることを強調して本章を終えたい。

〔参考文献〕

○日本語文献

大蔵省昭和財政史編集室編（1957）『昭和財政史』第5巻租税、東洋経済新報社

大蔵省財政史室編（1990）『昭和財政史――昭和27～48年度』第6巻租税、東洋経済新報社

恩田饒（1995）「有価証券取引税、三つの誤解と三つの論点」『財経詳報』No.2044、6-8頁

小立敬・磯部昌吾（2011）「金融取引税の導入を図る欧州――欧州委員会による指令案の公表」野村資本市場研究所資本市場クォータリー（秋号）、pp.1-10.（http://www.nicmr.com/nicmr/report/repo/2011/2011aut01web.pdf,last visited,10 December 2012）

小立敬・井上武（2013）「欧州の金融取引税の導入に向けた進展」野村資本市場研究所資本市場クォータリー（春号）、pp.137-150.（http://www.nicmr.com/nicmr/report/repo/2013/2013spr10.html,last visited,29 October 2014）

是枝俊悟（2012）「EU・フランスの金融取引税（FTT）の分析〈現物取引編2〉」大和総研　税制 A to Z, pp.1-18.（http://www.dir.co.jp/souken/research/report/law…/12091401tax.pdf, last visited, 10 December 2012）

神野直彦（1995）「有価証券取引税とキャピタルゲイン課税」『租税研究』552号、13-25頁

神野直彦（1996）「有価証券取引税の現状と課題」『公社債月報』478号、2-10頁

杉岡映二（1983）「金融機関における有価証券取引税の取扱い」『金融法務事情』No.1023、58-64頁

田辺昭二（1985）「機関化現象についての一考察」『証券経済』154号、197-205頁

中島将隆（2004）「税制改革と公社債市場の新たな展開」『甲南経済学論集』45巻2号、1-29頁

福光寛（1989）「証券税制の見直しと証券市場の構造変化」『レファレンス』4月号、66-89頁

本多正樹（2006）「レポ取引の発展と法律構成について（一）――債券と資金との交換または相互の賃借の取引」『民商法雑誌』134巻、207-257頁

前田多良夫（1953）「有価証券取引への課税は　譲渡所得税を廃し取引税で」『時の法令』110号、9-15頁

三谷明彦（2013）「欧州における金融取引税の導入　欧州委員会が制度の詳細案を公表」みずほインサイト欧州、pp.1-7.（http://www.mizuho-ri.co.jp/publication/research/pdf/insight/eu130222.pdf, last visited, 28 October 2014）

望月爾（2014）「国際連帯税の展開とその法的課題――EUの金融取引税を中心に」『租税法研究』42号、51-73頁

油布志行（2012）、「最近の金融証券税制について――欧州の金融取引税構想を中心に」『租税研究』751号、48-80頁

○外国語文献

European Commission (2011), *Proposal for a Council Directive on a Common System of Financial Transaction Tax and Amending Directive 2008/7/EC*, COM (2011) 594 final -2011/0261 (CNS), pp.1-31.（http://ec.europa.eu/taxation_customs/resources/documents/taxation/other_taxes/financial_sector/com (2011) 594_en.pdf, last visited,

31 October 2014)

European Commission (2013), *Proposal for a Council Directive: Implementing Enhanced Cooperation in the Area of financial Transaction Tax*, COM (2013) 71 final 2013/0045 (CNS), pp.1-39. (http://ec.europa.eu/taxation_customs/resources/documents/taxation/com_2013_71_en.pdf, last visited, 31 October 2014)

第4章

タックス・ヘイブンとグローバル金融規制の動向

金子文夫

1 課題と構成

　1990年代以降、グローバル化する経済活動と主権国家との不整合が顕著になってきている。課税権は主権国家の根幹に位置するが、国境を越えて経済活動を展開する多国籍企業は、国家間の課税水準の格差を利用して納税額の最小化を追求し、またこれに対応して各国間では税の切り下げ競争が激化している。その典型がタックス・ヘイブンである。

　OECDは、行き過ぎた税の切り下げ競争を抑制し、多国籍企業から適正な税を徴収するために、タックス・ヘイブン規制をはじめとするさまざまな方策を模索してきたが、なかなか成果をあげられないでいた。しかし、2008年9月のリーマンショックを契機として生じたグローバル金融規制の潮流は、国際課税の世界に新たな地平を開こうとしている。

　本章は、多国籍企業に対するグローバル課税の必要性という問題意識のもとに、タックス・ヘイブンに関する研究動向、実態、規制状況について概括的な考察を試みるものである。この方面の欧米の研究には膨大な蓄積があるが、日本での成果はそれほど多くはない。以下では、第一に、日本におけるタックス・ヘイブン研究の動向、第二に、世界のタックス・ヘイブンの実態と日本企業のタックス・ヘイブン活用状況、第三に、OECD、日本政府、G20等のタックス・ヘイブン規制策の展開の順で、主に日本語文献をもとに基礎的な整理を

行っていきたい。それを踏まえて、国際課税の領域からグローバル・ガヴァナンスの問題に接近することは、今後の課題として残されている。

なお、タックス・ヘイブンの定義はさまざまであり、3でも触れるが、本章ではさしあたり、低税率（または無税）、秘密保持（匿名性）、法人設立の簡便性の3点を基本要件とする国・地域とし、カリブ海地域の小国のみならず、ロンドン、ニューヨークなどのオフショア金融センターを含めた広義の意味で捉えておきたい。[1]

2　日本におけるタックス・ヘイブン研究の動向

日本におけるタックス・ヘイブン研究を概観すると、第一に、海外の調査研究の翻訳、第二に、国際課税の実務的観点からの調査研究、第三に、国際経済論の視点による研究の3系列に分けられよう。[2]量的には第二の領域が多く、第三は現時点ではまだ少ない。

1　海外の調査研究の翻訳

実務の領域を別とすれば、翻訳ものはマネーロンダリング関係を中心に、不正な資金の流れを暴露する系統が先行して刊行された。主なものを挙げれば、次のようになる（著者の肩書きは原著出版当時のもの）。

[1]T.R.フェーレンバッハ（向後英一訳）『スイス銀行』早川書房、1979年、411頁

T.R.Fehrenbach, *The Swiss Banks*, 1966

[2]リチャード・H・ブラム（名東孝二訳）『オフショア市場の犯罪』東洋経済新報社、1986年、322頁（文献目録12頁）

Richard H.Blum, *Offshore Haven Banks, Trusts, and Companies*, Praeger Publishers, 1984

[3]ジャン・ジーグレル（萩野弘巳訳）『スイス銀行の秘密』河出書房新社、1990年、231頁

Jean Ziegler, *La Suisse Lave Plus Blanc*, Les Editions du Seuil, Paris,

1990

著者はジュネーヴ大学社会学科教授、スイス連邦議会下院議員 (社会党)。

[4] ロバート・E・ポウィス (名東孝二監修、正慶孝監訳)『不正資金洗浄』上、下、270、311頁、西村書店、1993年

Robert E.Powis, *The Money Launderers: Lessons From The Drug Wars*, Probus Publishing, Chicago, 1992

著者は米国財務省法執行担当副次官補としてマネーロンダリング組織解体に従事。

[5] エルネスト・バックス、ドゥニ・ロベール (藤野邦夫訳)『マネーロンダリングの代理人——暴かれた巨大決済会社の暗部』徳間書店、2002年、271頁

Denis Robert, Ernest Backes, *REVELATIONS*, Editions des Arenes, Paris, 2001

エルネスト・バックスはルクセンブルクの世界最大級の決済会社セデル (後のクリアストリーム) の創設に参加、ドゥニ・ロベールは経済ジャーナリスト。

[6] クリスチアン・シャヴァニュー、ロナン・パラン (杉村昌昭訳)『タックスヘイブン——グローバル経済を動かす闇のシステム』作品社、2007年、169頁 (文献目録5頁)

Christian Chavagneux, Ronen Palan, *Les Paradis Fiscaux*, Editions La Decouverte, Paris, 2006

クリスチアン・シャヴァニューは経済ジャーナリスト、ロナン・パランはサセックス大学教授。

[7] ウィリアム・ブリテェィン－キャトリン (森谷博之監訳)『秘密の国　オフショア市場』東洋経済新報社、2008年、308頁、詳細な注付き

William Brittain-Catlin, *OFFSHORE: The Dark Side of the Global Economy*, Gillon Aitken Associates, London, 2005

著者はBBCプロデューサー、企業調査会社調査員。

[8] ニコラス・シャクソン (藤井清美訳)『タックスヘイブンの闇』朝日新聞出版、2012年、446頁 (詳細な注22頁)

Nicholas Shaxson, *Treasure Islands: Tax Havens and the Men Who Stole the World*, Bodley Head, The Random House Group, 2011
著者は英国王立国際問題研究所研究員。

[9] ロナン・パラン、リチャード・マーフィー、クリスチアン・シャヴァニュー（青柳伸子訳）『［徹底解明］タックスヘイブン——グローバル経済の見えざる中心のメカニズムと実態』作品社、2013年、438頁（文献目録17頁）
Ronen Palan, Richard Murphy, Christian Chavagneux, *Tax Havens: How Globalization Really Works*, Cornell University Press, 2010
パランはシティ大学ロンドン校教授、マーフィーはイギリス税研究所代表、シャヴァニューは経済ジャーナリスト。

これらの文献に共通するのは、アカデミックな研究書というよりも、ジャーナリスト的視点から事実を究明するスタイルが目立つことである。ただし、[1]から[5]は、スイス銀行あるいはマネーロンダリングの実態暴露に関心を向けているのに対して、[6]から[9]はタックス・ヘイブンあるいはオフショア市場の不公正なシステムを問題にしている。経済のグローバル化がこうした変化をもたらしたと考えられる。

中でも文献[8]は、次のような点で、この系統の調査研究の到達点を示している。第一に、対象の包括性である。同書は世界のタックス・ヘイブンを、ヨーロッパ（スイス、ルクセンブルク、オランダ等）、ロンドン中心のネットワーク（ジャージー、ケイマン諸島、香港等）、アメリカ中心のネットワーク（連邦、州、ヴァージン諸島等）、その他（ソマリア、ウルグアイ等）の4グループに分類し、さらにその中の階層構造を明らかにしている。第二に、歴史的分析の深みである。テーマ別に章立てを行い、19世紀末からの租税回避と税務当局とのせめぎあいを克明に描いている。第三に、高度の実証性である。丹念な文献調査と豊富なインタビューに基づき、根拠を明示した記述をしている点は類書の追随を許さない。第四に、批判的視点が明確なことである。現代世界を支配する多国籍企業システムに対する著者の立場は、むすび「われわれの文化を取り戻そう」に10項目の提言として表明されている。

これと並んで文献［9］も、先行する調査研究を集大成し、百科事典的性格を持つ有益な研究である。本書は文献［6］の続編に当たるもので、タックス・ヘイブンをグローバル経済の核心と位置づけ、その負の側面を増幅させるシステムと規定している。検討対象は、タックス・ヘイブンの機能・役割、歴史、国際政治上の意味、規制・攻防の4領域に及んでおり、文献［8］と並んで批判的視点が明確であるとともに、よりアカデミックな論述スタイルをとっている点に特徴がある。

2　実務的観点からの調査研究

日本では、1970年代から国際課税に関係する税務当局、税理士・会計士、税法・国際私法の専門家等の間で、実務的な調査研究が積み重ねられてきた。国際課税の歴史については後述するとして、ここでは、近年刊行のいくつかの文献を取り上げ、その概要を示しておこう。ただし、スティーブ・金山『タックスヘイブンに会社をつくる本』(金山2012)のようなハウツーものは除外する。

[1] 川田剛『国際課税の基礎知識』税務経理協会、1989年（7訂版2006年、657頁）
著者は国税庁勤務を経て明治大学教授。『国際課税の理論と実務　第4巻　タックス・ヘイブン対策税制／過少資本税制』税務経理協会、2000年、『節税と租税回避』税務経理協会、2009年など著書多数。
本書は包括的なテーマを扱い、比較的早い時期に刊行され、版を重ねた基本書。全5編14章（概論、外国税額控除、租税条約、国際的租税回避規制税制、その他の国際関連税制）。

[2] 本庄資『国際的脱税・租税回避防止策』大蔵財務協会、2004年、927頁
著者は国税庁勤務を経て国士舘大学教授。『国際租税法』大蔵財務協会、4訂版2005年、『国際的租税回避基礎研究』税務経理協会、2002年など著書多数。
本書は各国の事情を詳細に記述。全10章（脱税、租税回避、国際租税計画、多国籍企業の子会社の多様な形態、租税回避防止規定、タックス・ヘイブン、移転価格、トリーティ・ショッピング、過少資本、マネー・ロンダリング）。

[3] 赤松晃『国際課税の実務と理論』税務研究会出版局、2007年、415頁

著者は国税庁勤務を経て税理士。著書は『国際租税原則と日本の国際租税法』税務研究会出版局、2001年など。

本書は、実務家の立場から、国際的企業活動に対する租税法、租税条約の適用の実務と理論の体系化を意図したもの。全7章（非居住者・外国法人に対する所得課税、国内源泉所得、租税条約、外国税額控除、外国子会社合算税制、移転価格税制、過少資本税制）。

[4] 佐和周・菅健一郎『タックス・ヘイブン対策税制Q&A』中央経済社、2012年、373頁

著者は公認会計士・税理士。佐和の著書は『海外進出企業の税務調査対策チェックリスト』中央経済社など多数。

本書はタックス・ヘイブン対策税制に特化して、税務、会計処理の実務について、Q&A形式で244項目を解説。

[5] 増井良啓・宮崎裕子『国際租税法』東京大学出版会、2008年、269頁（文献目録3頁）

増井は東京大学教授、宮崎は弁護士。増井の著書は、『結合企業課税の理論』東京大学出版会、2002年、『ケースブック租税法』共編著、弘文堂、第2版2007年など。

本書は、国際租税法の入門的教科書。全10章構成で、国内法と租税条約、非居住者・外国法人に関する課税、居住者・内国法人に関する課税について、事例演習を交えて記述している。

[6] 本庄資『オフショア・タックス・ヘイブンをめぐる国際課税』日本租税研究協会、2013年、665頁

本書は14回にわたる講演の記録であり、オフショア・タックス・ヘイブンをサニーサイド・エコノミーとシャドー・エコノミーの2側面に区分し、前者について、各国の租税制度と多国籍企業のタックス・プランニングを交錯させつつ、詳細に記述している。

[7] 志賀櫻『タックス・ヘイブン──逃げていく税金』岩波新書、2013年、229頁

著者は、大蔵省主税局国際租税課長（OECD租税委員会日本国メンバー）、金融監督庁国際担当参事官（FSF日本国メンバー）、特定金融情報管理官（FATF

第 4 章　タックス・ヘイブンとグローバル金融規制の動向

日本国メンバー）等を経て弁護士。
　本書は、著者の豊富な実体験に基づき、タックス・ヘイブンを通じた三つの「悪事」——脱税（富裕層、多国籍企業）、マネーロンダリング、巨額投機マネーによる世界経済の破壊——について一般向けに叙述している。

　[1]〜[4]、[6]のような実務家向けの文献は多数あり、月刊誌『租税研究』、『国際税務』などにも多くの記事が掲載されている。これは、国際課税の制度が頻繁に変更されるからであり、多国籍企業と税務当局との攻防戦を反映している。[5]は大学の教科書であり、類書も少なくない。それに対して[7]は、実務に精通しつつも批判的視点が鮮明な異色の著作となっている。

3　国際経済論からの接近

　実務的観点からの調査研究の豊富さに比べ、国際経済論あるいは多国籍企業研究の立場からタックス・ヘイブンに取り組んだ成果はそれほど多くない。代表作は次のような研究である。

[1]中村雅秀『多国籍企業と国際税制』東洋経済新報社、1995年、346頁（文献目録19頁）

　著者は立命館大学教授。著書は『累積債務の政治経済学』ミネルヴァ書房、1987年、『日本経済の国際化とアジア』青木書店、1993年など。

　本書は、アメリカ多国籍企業研究の視点から、タックス・ヘイブンをめぐる資本と国家の攻防を描き、後半では日米租税摩擦を扱っている。副題は「海外子会社、タックス・ヘイヴン、移転価格、日米租税摩擦の研究」。全12章（第Ⅰ部・海外子会社とタックス・ヘイヴン 1-6章、第Ⅱ部・移転価格と日米租税摩擦 7-12章）。

[2]中村雅秀『多国籍企業とアメリカ租税政策』岩波書店、2010年、366頁（文献目録16頁）

　著者は[1]以降、同系統の研究を進め、本書をまとめた。その間に、『国際移転価格の経営学』清文社、2006年、その他多くの成果をあげている。

　本書は全10章構成で、アメリカの多国籍企業と租税政策との関係を多角的

に考察している。本書の巻末参考文献目録は、オフショア金融関係が手薄に感じられるが、研究を進める手掛かりとしてはきわめて有益である。

　国際経済論、多国籍企業論の研究書は、タックス・ヘイブンに多少なりとも触れてはいるが、本格的研究は管見のかぎりきわめて少ないため、以下に最近の雑誌論文を挙げておこう。

　　[3] 丸井龍平「税逃れの温床＝タックスヘイブン」（『経済』203号、2012年8月、6頁）
　　[4] 合田寛「タックスヘイブン　グローバル資本主義の聖域」（『経済』207号、2012年12月、14頁）
　　[5] 鶴田廣巳「グローバリゼーションと租税国家の課題」（『経済』215号、2013年8月、15頁）
　　[6] 合田寛「租税国家の危機とタックスヘイブン」（『経済』215号、2013年8月、10頁）
　　[7] 一ノ瀬秀文「タックス・ヘイブンと多国籍企業の税不正をいかにしてなくすか」（『経済』219号、2013年12月、16頁）

　　丸井は日本共産党国会議員団事務局、合田は政治経済研究所研究員、鶴田は関西大学教授、一ノ瀬は大阪市立大学名誉教授である。いずれも、タックスヘイブンに関する情報をコンパクトに整理し、批判的に考察している。

3　タックス・ヘイブンの実態

1　タックス・ヘイブンの概要

　タックス・ヘイブンについてはさまざまな定義がある。日本では、1992年以前のタックス・ヘイブン対策税制において、税負担の観点から次の3種に区分していた（川田 2000：12）。

　①全所得軽課税国等（タックス・パラダイス）
　　　法人等の所得に非課税または低率課税……バハマ、バミューダ等
　②国外源泉所得軽課税国等（タックス・シェルター）

国内源泉所得には法人税が課されるが、国外源泉所得には非課税または低率課税……パナマ、コスタリカ等
③特定事業所得軽減課税国等（タックス・リゾート）
特定の事業に特典が付与され、結果的に軽課税……スイス、ルクセンブルク等

これに対してOECDは、1998年に作成した報告書において、①非課税または低率課税、②有効な情報交換の欠如、③透明性の欠如、④実質的な活動の欠如の4点を挙げている（OECD 1998：23）。また、タックス・ヘイブンと類似の用語にオフショア金融センターがあるが、FSF（金融安定フォーラム、リーマンショック後にFSB＝金融安定理事会に改組）によれば、①無税または低税率、②源泉非課税、③簡素で柔軟な法人設立基準、④簡素で柔軟な監督制度、⑤信託や特別目的会社（SPV）の弾力的な利用、⑥会社は実体を必要としない、⑦顧客に関する高度な守秘性、⑧非居住者のみの特例を挙げている（合田 2012b：149）。

このような定義に該当する国・地域のリストが、OECD（2000年）、FSF（2000年）、さらにTJN（Tax Justice Network、2005年）によって作成された。[3] OECDの2000年の報告書では、41ヵ国・地域がタックス・ヘイブン、21ヵ国・地域（アメリカ、フランス等OECD主要国を含む）が潜在的有害税制国、合計62ヵ国・地域が特定された。前者のうち3ヵ国が2006年にリストから除外された。またFSFの2000年の報告では46ヵ国・地域がリストアップされた。さらにTJNの2005年の報告書では、69ヵ国・地域が特定された。3つのリストに共通して指定されたのは、アンドラ、バハマ、ケイマン諸島、リヒテンシュタイン、パナマなど、35ヵ国・地域である。

オフショア金融センターを含めてタックス・ヘイブンを広義にとると、その世界経済における役割はきわめて大きなものとなる。世界貿易の半分以上が書類上はタックスヘイブン経由、すべての銀行資産の半分以上、多国籍企業の対外直接投資の3分の1以上がオフショア経由で送金され、国際的な銀行業務や債券発行業務の約85％がオフショア市場で行われているという（Shaxson 2011：訳書17）。

図表1　世界の小規模タックス・ヘイブン

	対外資産 （10億ドル）	対外負債 （10億ドル）	人口 （人）	1人当たり GDP（ドル）
中米・カリブ				
ケイマン諸島	3132.9	4200.3	47,210	57,222
英領ヴァージン諸島	822.9	793.7	22,545	51,273
バミューダ諸島	735.2	788.2	64,559	90,698
バハマ	470.7	459.9	331,277	22,633
オランダ領アンチル諸島	219.8	271.7	191,572	18,078
パナマ	147.7	130.5	3,343,374	5,828
バルバドス	60.2	21.6	293,894	11,599
ベリーゼ	8.1	3.3	287,698	4,438
アルバ	3.3	11.2	103,889	25,253
セントヴィンセント・グレナディーン	3.3	2.4	120,398	4,538
アンギラ	2.3	1.1	12,625	18,007
タークス・カイコス諸島	1.9	0.8	25,517	29,706
アンティグア・バーブーダ	1.0	2.9	85,109	13,568
セントルシア	0.9	2.8	164,923	5,820
セントキッツ	0.5	1.9	50,417	10,149
グレナダ	0.5	1.8	105,668	5,753
モンセラット島	0.2	0.1	5,875	8,149
ヨーロッパ				
ジャージー島	1012.1	852.2	90,800	90,107
ガーンジー島	509.0	297.1	61,811	53,931
マン島	168.3	99.8	76,774	44,773
リヒテンシュタイン	40.4	10.7	35,242	118,040
ジブラルタル	33.3	39.9	28,875	41,898
モナコ	29.6	36.2	32,711	40,090
アンドラ	9.5	2.4	74,601	43,504
南太平洋				
サモア	5.2	1.5	187,026	2,544
ヴァヌアツ	1.1	1.2	226,179	2,243
パラオ	0.1	0.2	20,314	8,376
ナウル	0.04	0.01	10,152	2,217
その他				
バーレーン	291.1	231.9	752,647	24,504
モーリシャス	181.9	71.1	1,261,643	5,490
マカオ	65.3	24.8	481,122	39,731
レバノン	55.3	68.8	4,099,114	6,110

出所：Lane & Milesi-Ferretti（2010）pp.20, 23.

ストックに注目すると、2010年時点で21兆〜32兆ドルの資金がタックス・ヘイブンに蓄積され、ほとんど税金がかかっていないという（合田 2012b：150）。

いくつかのデータを示してみよう。図表1は32ヵ所の小規模タックス・ヘイブンの経済規模をまとめたものである。中米・カリブに最も多く存在し、最大規模のケイマン諸島の対外資産規模は3兆ドルを超える。大半が人口の少ない国・地域であるため、1人当たりGDPは先進国並みあるいはそれ以上である。図表2は世界の富裕層がオフショアセンターに保有する金融資産のTJNによる推計である。2007年まで増え続け、リーマンショックでやや減少したものの、2010年には回復してきている。

図表2　世界の富裕層のオフショア金融資産
（単位：兆ドル）

	ノンバンクオフショア預金	オフショア金融資産		
		低位推計	高位推計	平　均
2002	2.98	8.9	10.4	9.7
2004	4.05	12.1	20.2	16.2
2005	4.68	14.0	22.9	18.5
2006	5.97	17.9	27.5	22.7
2007	7.43	22.3	33.4	27.9
2008	6.93	20.8	24.9	22.9
2009	6.59	19.8	24.7	22.2
2010	7.01	21.02	31.53	26.3

出所：Tax Justice Network (2012).

図表3は世界の富裕層が金融資産をいかに独占しているかを示している。金融資産100万ドル以上を富裕層と定義すると、その人口は935万人で、世界人口の0.14％にすぎない。しかし、世界の金融資産の81.3％を保有している。中でも3000万ドル以上の上位富裕層は約9万人、世界人口の0.001％にすぎないが、

図表3　世界の富裕層の金融資産保有

	人　口（人）	金融資産総額（兆ドル）	オフショア資産総額（兆ドル）	1人当たり資産（百万ドル）	人口比率（％）	金融資産比率（％）
上位富裕層	91,186	16.7	9.8	183.1	0.001	30.3
中位富裕層	839,020	10.7	5.1	12.8	0.01	19.4
下位富裕層	8,419,794	17.4	4.7	2.1	0.13	31.6
富裕層合計	9,350,000	44.8	19.8	4.4	0.14	81.3
一般人	6,643,863,592	10.3	1.0	0.0016	99.86	18.7
総計	6,653,213,592	55.1	20.8	0.01	100.00	100.0

出所：図表2に同じ。
注1）上位富裕層は金融資産3000万ドル以上、中位富裕層は500万〜3000万ドル、下位富裕層は100万〜500万ドルの階層。
　2）2009年の推計。

図表4　課税回避の上位10ヵ国

	GDP (10億ドル)	影の経済規模 (10億ドル)	影の経済 比率(%)	課税回避額 (10億ドル)
アメリカ	14,582	1,254	8.6	337
ブラジル	2,088	814	39.0	280
イタリア	2,051	554	27.0	239
ロシア	1,480	648	43.8	221
ドイツ	3,310	530	16.0	215
フランス	2,560	384	15.0	171
日本	5,498	605	11.0	171
中国	5,879	747	12.7	134
イギリス	2,246	281	12.5	109
スペイン	1,407	317	22.5	107

出所：Tax Justice Network (2011) p.4.

図表5　不正な資金フローの国別ランキング

（単位：百万ドル）

	国名	金額
1	中国	274,170
2	メキシコ	47,561
3	マレーシア	28,524
4	サウジアラビア	20,996
5	ロシア	15,159
6	フィリピン	13,782
7	ナイジェリア	12,904
8	インド	12,332
9	インドネシア	10,886
10	アラブ首長国連邦	10,650
11	イラク	10,597
12	南アフリカ	8,390
13	タイ	6,426
14	コスタリカ	6,370
15	カタール	5,611
16	セルビア	5,144
17	ポーランド	4,077
18	パナマ	3,987
19	ヴェネズエラ	3,791
20	ブルネイ	3,704

出所：Kar & Freitas (2012) p.36.
注：2001年から2010年までの平均額を示す。

金融資産は30.3％を保有し、その半分以上はオフショア資産である。

　ここで視点を変え、課税を回避する「影の経済」（シャドー・エコノミー）の国別規模を見ておきたい（図表4）。「影の経済」とは、経済活動の実態が政府当局によって把握されていない部分を指し、いずれの国家においても多かれ少なかれ存在する。TJNの調査によれば、「影の経済」の比率が高い国はロシア、ブラジル、イタリア、スペインなどであり、課税回避額が多い国はアメリカ、ブラジル、イタリア、ロシア、ドイツなどが上位を占めている。この表では中国の課税回避額が相対的に少ないが、これは調査不足のためと思われる。一方、発展途上国から、密輸、秘密資金の持ち出し、移転価格操作等によって、毎年巨額の資金が不正に流出しており、TJN、GFI (Global Financial Integrity) などが調査を進めている。最新のGFIの報告書によれば、不正な資金フローの国別首位は中国であり、その規模は桁違いに大きいことがわかる（図表5）。

　いずれにせよ、定義の異なるさまざまな調査を比較検討し、広義のタック

ス・ヘイブンの機能と規模を推計していくことは、今後の大きな課題である。

2 日本多国籍企業とタックス・ヘイブン

タックス・ヘイブンに関する、実務的観点からでなく批判的観点からの調査研究は欧米で盛んであるため、日本資本とタックス・ヘイブンとの関係についての研究は少ない。そこで、まず基礎的なデータの作成を試みる。

第一に、日本の対外直接投資におけるタックス・ヘイブンの地位の究明である。図表6は1951年から2004年までの対外直接投資累計額の上位10ヵ国を示す。典型的なタックス・ヘイブンはオランダ、ケイマン諸島、パナマであるが、1994年以前では、パナマは第4位でケイマンははるかに少なかった。ところが、1992～2004年を見ると、ケイマンは第4位に躍進し、伸び率は331％であり、中国を上回るほどの勢いであったことがわかる。

図表6 日本の主要な対外直接投資対象国

(単位：百万ドル、％)

	1951～94年(a)	1992～2004年(b)	b/a
アメリカ	194,429	186,406	96
イギリス	33,830	71,286	211
オランダ	19,447	48,596	250
ケイマン諸島	9,249	30,584	331
中国	8,729	28,084	322
オーストラリア	23,932	17,804	74
パナマ	21,784	15,985	73
インドネシア	16,981	15,391	91
フランス	6,392	12,867	201
タイ	7,184	12,840	179

出所：JETROウェブサイト (http://www.jetro.go.jp/world/japan/stats/fdi/,last visited, 4 August 2014)。
注1) 毎年の届出額の累計。
　2) 1992～2004年の上位10ヵ国を掲出。

図表6は届出額の累計であり、データの精度は高くない。2005年から国際収支ベースのフロー統計が公表されることになり、1996年まで遡及して発表された。それをまとめたものが図表7である。ケイマンは2006年まではアメリカ、中国より少なく、イギリス、オランダと並ぶ程度であったが、2008年にはアメリカに次ぐ第2位に躍進し、リーマンショックで対外直接投資が縮小した2009年にはアメリカを抜いて首位になった。しかし、その後は激減しており、きわめて流動性の高い投資であることをうかがわせている。なお、残高ベースの統計は図表8のようになる。ケイマンは2008年にアメリカ、オランダに続く第3位となり、2010年には中国に抜かれて第4位になった。

直接投資以上に流動的な証券投資の動向を見ると（図表9）、ケイマンの地位

図表7　日本の主要国に対する直接投資の推移

(単位：百万ドル)

	アメリカ	イギリス	オランダ	ケイマン諸島	中国	全世界
1996	11,114	1,444	679	−497	2,317	23,443
1997	7,430	1,608	1,283	1,082	1,862	26,057
1998	6,013	646	1,758	3,892	1,301	24,627
1999	7,140	1,603	6,292	2,329	360	22,266
2000	14,121	6,801	2,276	3,660	934	31,534
2001	7,031	13,142	3,094	1,474	2,158	38,495
2002	7,441	2,033	1,447	3,316	2,622	32,039
2003	10,691	2,468	3,454	1,636	3,980	28,767
2004	7,559	1,649	3,337	2,726	5,863	30,962
2005	12,126	2,903	3,315	3,915	6,575	45,461
2006	9,297	7,271	8,497	2,814	6,169	50,165
2007	15,672	3,026	12,440	5,838	6,218	73,483
2008	44,674	6,744	6,514	22,550	6,496	130,801
2009	10,660	2,126	6,698	12,903	6,899	74,650
2010	9,193	4,624	3,288	−1,848	7,252	57,223
2011	14,730	14,125	5,346	223	12,649	108,808
2012	31,974	11,882	8,638	2,276	13,479	122,355
2013	43,703	13,319	8,636	437	9,104	135,049

出所：図表6に同じ。
注：国際収支ベースのネットのフロー額。

はさらに高まる。データの判明する2002年以降、ケイマンはアメリカに次いで第2位の地位を一貫して維持している。また、日本の銀行の2008年末における与信供与額は、所在地ベースでは世界合計1兆9060億ドル、うちタックス・ヘイブン向けが4619億ドル（24％）、その中でケイマンは2295億ドル（全タックス・ヘイブンの50％）を占めていた。これが最終リスクベースになると、世界合計2兆1620億ドル、タックス・ヘイブン2925億ドル（14％）、ケイマン1228億ドル（全タックス・ヘイブンの42％）に減少した（山口 2009：70）。タックス・ヘイブンが信用供与のトンネルに位置し、その中でケイマンの地位の高いことがうかがわれる。

　事業の実体のないペーパー・カンパニーがあるだけのケイマンに、なぜこれだけ投融資が集中するのか。日本多国籍企業はそこからどれだけの利益をあげ

図表8　日本の主要国に対する直接投資残高の推移

(単位：百万ドル)

	アメリカ	イギリス	オランダ	ケイマン諸島	中国	全世界
1996	94,336	20,320	8,440	na	8,098	258,653
1997	102,336	28,796	8,106	na	21,248	271,967
1998	111,108	24,801	9,283	na	17,912	270,975
1999	118,435	17,999	17,482	na	7,340	249,071
2000	132,222	21,765	16,667	na	8,699	278,445
2001	140,651	33,199	19,543	8,671	10,043	300,868
2002	136,190	26,299	22,916	8,583	12,408	305,585
2003	139,195	24,429	33,698	10,417	15,296	335,911
2004	142,302	26,845	36,499	15,008	20,208	371,755
2005	150,152	24,264	34,591	18,071	24,655	388,197
2006	156,411	31,613	45,419	21,440	30,316	449,680
2007	174,199	32,021	63,941	32,038	37,797	546,839
2008	226,611	32,576	72,172	61,531	49,002	683,872
2009	230,948	31,282	77,470	65,353	55,045	740,364
2010	251,805	37,956	75,995	62,623	66,478	830,464
2011	275,504	48,194	84,950	67,982	83,379	957,703
2012	286,529	53,956	94,444	59,786	93,379	1,040,463
2013	331,439	67,742	96,451	48,352	98,132	1,117,267

出所：図表6に同じ。
注：ストックベース（年末残高）のデータ。

図表9　日本の主要国に対する証券投資等（残高）の推移

(単位：億円)

	アメリカ	ケイマン諸島	イギリス	ドイツ	フランス	豪州	全世界
2002	598,359	210,024	113,720	145,087	79,796	26,900	1,672,031
2003	664,243	220,164	106,617	165,739	96,749	35,985	1,843,530
2004	722,990	279,314	129,964	164,126	129,235	43,337	2,092,471
2005	882,117	351,191	134,475	186,844	148,568	53,031	2,494,935
2006	948,755	385,832	172,801	206,381	169,342	62,604	2,787,573
2007	927,175	407,313	185,620	205,898	166,387	75,162	2,876,866
2008	691,899	333,717	140,963	163,748	122,405	58,621	2,156,819
2009	846,348	371,652	168,006	186,574	143,343	99,383	2,619,891
2010	927,100	425,830	169,052	164,762	123,790	113,130	2,725,179
2011	908,044	435,510	178,610	139,142	110,560	121,680	2,623,240
2012	1,023,967	498,207	186,886	157,080	186,902	143,300	3,051,118
2013	1,244,985	558,332	210,676	197,991	252,265	140,455	3,592,153

出所：日本銀行ウェブサイト（http://www.boj.or.jp/statistics/br/bop/index.htm/, last visited, 4 August 2014）。

図表10　日本メガバンクのケイマン子会社

	設立年月	資本金	出資比率	事業内容
三菱東京UFJグループ				
BTMU Preferred Capital 1	2006. 2	23億ドル	100	金融業務
BTMU Preferred Capital 3	2006. 2	1200億円	100	金融業務
BTMU Preferred Capital 5	2006.12	5.5億ポンド	100	金融業務
BTMU Preferred Capital 6	2007.11	1500億円	100	金融業務
BTMU Preferred Capital 7	2008. 7	1220億円	100	金融業務
BTMU Preferred Capital 9	2009. 6	3700億円	100	優先出資証券の発行
MUFG Capital Finance 1	2006. 2	23億ドル	100	金融業務
MUFG Capital Finance 2	2006. 2	7.55億ユーロ	100	金融業務
MUFG Capital Finance 3	2006. 2	1200億円	100	金融業務
MUFG Capital Finance 4	2006.12	5億ユーロ	100	金融業務
MUFG Capital Finance 5	2006.12	5.5億ポンド	100	金融業務
MUFG Capital Finance 6	2007.11	1500億円	100	金融業務
MUFG Capital Finance 7	2008. 9	2220億円	100	優先出資証券の発行
MUFG Capital Finance 8	?	974億円	100	優先出資証券の発行
MUFG Capital Finance 9	2009. 6	3700億円	100	優先出資証券の発行
三井住友銀行グループ				
MTH Preferred Capital 1 (Cayman)	2002. 3	292億円	100	優先出資証券の発行
MTH Preferred Capital 3 (Cayman)	2003. 3	317億円	100	優先出資証券の発行
MTH Preferred Capital 4 (Cayman)	2004. 3	108億円	100	優先出資証券の発行
MTH Preferred Capital 5 (Cayman)	2007. 2	337億円	100	優先出資証券の発行
SMBC Cayman LC	2002.12	500万ドル	100	債券投資、保証業務
SMBC DIP	2005. 3	800万ドル	100	貸付、金銭債権の取得・譲渡
SMBC MVI SPC	2004. 9	1.95億ドル	100	貸付、金銭債権の取得・譲渡
SMFG Preferred Capital GBP 1	2006.11	7367万ポンド	100	金融業務
SMFG Preferred Capital GBP 2	2007.10	2.5億ポンド	100	金融業務
SMFG Preferred Capital JPY 1	2008. 1	1350億円	100	金融業務
SMFG Preferred Capital JPY 2	2008.11	6989億円	100	金融業務
SMFG Preferred Capital JPY 3	2009. 8	3929億円	100	金融業務
SMFG Preferred Capital USD 1	2006.11	6.4949億ドル	100	金融業務
SMFG Preferred Capital USD 2	2007.10	18億ドル	100	金融業務
SMFG Preferred Capital USD 3	2008. 7	13億ドル	100	金融業務
CMTH Preferred Capital 6 (Cayman)	2008. 1	427億円	100	優先出資証券の発行
CMTH Preferred Capital 7 (Cayman)	2008.11	416億円	100	優先出資証券の発行
みずほ銀行グループ				
Spring Capital	1998. 8	8200万ドル	100	金融業務
Mizuho Capital Investment (JPY) 1	?	500万円	100	優先出資証券の発行
Mizuho Capital Investment (JPY) 3	?	500万円	100	優先出資証券の発行
Mizuho Capital Investment (JPY) 4	?	500万円	100	優先出資証券の発行
Mizuho Capital Investment (USD) 2	?	5万ドル	100	優先出資証券の発行
Mizuho Finance (Cayman)	1995. 2	1万ドル	100	金融業務
Mizuho Preferred Capital (Cayman) B	2002. 1	26億円	100	金融業務
Mizuho Preferred Capital (Cayman) C	2002. 1	23億円	100	金融業務

出所：東洋経済新報社 (2012)。

ているのか。この点の究明も今後の課題であるが、とりあえず日本の３大メガバンクのケイマン子会社のリストを図表10として掲げておこう。金融業務などの事業内容を精査することで、ケイマン投資の意義を明らかにしていく必要があろう。

4　タックス・ヘイブン規制の動向

1　OECD、国連等の国際課税政策

多国籍企業のグローバルな事業展開は、主権国家の課税権との間で、一方では課税回避、他方では二重課税の問題を生じる。このため、２国間租税条約の締結、また各国の国際課税制度の調整のためのモデルづくりが積み重ねられてき

図表11　国際的な国際課税関係政策の推移

1843	フランス・ベルギー租税条約（世界最初、情報提供）
1892	オランダ、植民地事業収益に外国税額控除を導入（世界最初）
1899	ドイツ・オランダ租税条約（近代的租税条約の最初）
1918	米国、内国歳入法改正（外国税額控除制度を導入）
1920	ブラッセル国際財政会議、租税条約モデル提案
1927	国際連盟技術専門家委員会、多国間租税モデル条約草案作成
1928	国際連盟、モデル双務協定採択（マドリッド・モデル）
1943	国際連盟常任財政委員会、モデル条約の採択（メキシコ・モデル採択、南北対立、源泉地主義採用によりマドリッド・モデルを否定）
1946	国際連盟常任財政委員会、モデル条約の採択（ロンドン・モデル採択、メキシコ・モデルを否定）
1963	OECD財政委員会、所得及び資本に関するモデル租税条約（マドリッド、ロンドン・モデルが原型）
1974	国連社会経済委員会、租税条約のためのガイドライン作成
1977	OECD、租税条約モデル OECD、租税回避及び脱税に関する理事会勧告
1980	国連、租税条約モデル
1981	米国、タックス・ヘイブンに関するゴードン・レポート作成
1998	OECD租税委員会、「有害な税の競争」レポート発表（タックス・ヘイブンのリスト、認定基準の公表）
1999	G7、FSF（金融安定フォーラム）創設、FSF金融活動作業部会（FATF）、タックス・ヘイブンのリスト公表
2000	OECD租税委員会、FSF-FATF、それぞれタックス・ヘイブンのリスト改訂
2004	OECD租税委員会、有害税制国リスト改訂
2009	G20ロンドン・サミット、タックス・ヘイブン規制の首脳声明発表

出所：中村（1995）69頁、同（2010）314-15頁、川田（2000）35頁、より作成。

た。そこには、多国籍企業と各国税務当局との攻防の面とともに、先進国（資本輸出国）税務当局と発展途上国（資本輸入国）税務当局との攻防の面も存在した。[5]

　国際的な国際課税関係政策の推移は図表11のごとくである。1899年のドイツ・オランダ租税条約に始まる近代的な2国間租税条約が増加する中で、国際連盟は多国間租税条約の創設を目指したが、これは実現を見なかった。1928年に国際連盟はモデル条約としてマドリッド・モデルを採択したが、ここで採用された居住地主義原則が先進国優位の性格を持つとみた途上国は、これに対抗して源泉地主義原則に立つメキシコ・モデルを1943年に採択させた。しかし、1946年のロンドン・モデル採択により、メキシコ・モデルは否定された（中村1995：68-70）。

　第二次世界大戦後、多国籍企業、先進国（OECD）、途上国（国連）の間の攻防はさらに広がっていく。1963年、OECD財政委員会は、「所得及び資本に関するモデル租税条約」を策定したが、これはマドリッド・モデル、ロンドン・モデルを継承し、先進国中心の国際課税秩序を形成する意味を持っていた。

　1970年代に入ると、1974年の国連総会における「NIEO＝新国際経済秩序」宣言に見られるように、途上国のパワーの増大が目立つようになった。国連経済社会理事会の決定により、多国籍企業と国際課税問題を検討する専門家グループが組織され、多国籍企業の調査と租税条約ガイドライン作成が進められていった。その成果として、いくつもの報告書が作成され、日本には関西大学経済・政治研究所の多国籍企業作業班によって翻訳、紹介がなされた。それらは次のようなものである。

　『開発及び国際関係に対する多国籍企業の影響　租税に関する特別報告書』（関西大学経済・政治研究所「調査と資料」第18号、多国籍企業問題資料Ⅰ、1976年）

　『先進国と途上国間の租税条約のためのガイドライン』（関西大学経済・政治研究所「調査と資料」第19号、多国籍企業問題資料Ⅱ、1976年）

　『トランスファー・プライシングと多国籍企業』（関西大学経済・政治研究所「調査と資料」第35号、多国籍企業問題資料Ⅹ、1980年）

　『国連報告書　多国籍企業と課税問題』（関西大学経済・政治研究所　多国籍企業研究シリーズ①、ミネルヴァ書房、1976年）

『国連報告書　技術移転と多国籍企業』(関西大学経済・政治研究所 多国籍企業研究シリーズ②、ミネルヴァ書房、1977年)

『国連報告書　多国籍企業と行動綱領』(関西大学経済・政治研究所 多国籍企業研究シリーズ③、ミネルヴァ書房、1977年)

『国連報告書　多国籍企業と複合運送』(関西大学経済・政治研究所 多国籍企業研究シリーズ④、ミネルヴァ書房、1979年)

『国連報告書　便宜置籍船と多国籍企業』(関西大学経済・政治研究所 多国籍企業研究シリーズ⑤、ミネルヴァ書房、1979年)

『国際連合／OECD報告書　多国籍企業と価格操作』(関西大学経済・政治研究所 多国籍企業研究シリーズ⑥、ミネルヴァ書房、1980年)

上記『多国籍企業と価格操作』は、UNCTAD, *Dominant Positions of Market Power of Transnational Corporations: Use of the transfer pricing mechanism,* 1978とOECD, *Transfer Pricing and Multinational Enterprises,* 1979を合わせたものであり、国連とOECDが問題意識をすり合わせていったことをうかがわせる。

南北関係の妥協の産物として、1980年に国連租税条約モデルが作成されたが、それ以降、国連における途上国のパワーは次第に後退し、国際課税に関する主導権はOECDが握っていく。それと並行して、アメリカ政府の多国籍企業税制の強化が注目される。アメリカの多国籍企業税制は、次のように時期区分される(中村 1995：72-74)。

第1期(1920〜50年代)

企業の対外投資を促進するために優遇税制を採用する時期。1918年内国歳入法改正はその起点であり、国際連盟を中心とする租税条約モデル作成の過程にも、アメリカはさまざまな影響力を行使したと推測される。

第2期(1960〜70年代)

ドル危機を背景に、多国籍企業規制に重点を置いた時期。1962年のケネディ税制改革から開始された多国籍企業関係税制は、移転価格税制、タックス・ヘイブン対策税制などへの関心を高め、それまでの優遇税制を廃止して規制を強める流れを形成した。

第3期 (1980年代以降)

　1975/76年税制改革を転機に、国際的な租税条約のネットワークが構築されていく時期。特に、1981年の「ゴードン・レポート」は多国籍企業によるタックス・ヘイブン利用の実態を調査し、体系的な国際課税政策の構築の必要性を明らかにした（中村 1995：95-130、川田 2000：10-11）。

　冷戦が終結した1990年代に入ると、金融活動のグローバル化、金融セクターの肥大化が顕著となり、これを監督・規制する必要性が高まっていく。その動きは、マネーロンダリング対策、租税条約モデルの精緻化、投機的マネーの規制の3系列で進行したと考えられる。第一のマネーロンダリング問題では、1989年のG7アルシュ・サミットの経済宣言に基づき、FATF（金融活動作業部会）が組織され、国際的犯罪にかかわる資金洗浄、さらに2001年9.11以降はテロ資金問題も含め、タックス・ヘイブン、オフショア金融市場を通じた不正な資金の移動を防止する政策の検討に取り組んでいる。FATFには2012年時点でOECD非加盟国も含めて34ヵ国・地域が参加し、多くの勧告を発出し、国際協力体制の構築を促進している[6]。

　第二の租税条約関係では、1998年のOECD租税委員会の「有害な税の競争」レポートがきわめて重要である（中村 2010：310-18）。OECD租税委員会は、モデル租税条約、移転価格ガイドラインなどの作成・改訂に取り組み、国際課税のルール形成を主導している組織であるが、このレポートでは、金融グローバル化の中でタックス・ヘイブンの役割が増大し、それに影響されて各国の課税ベースを縮小させる有害な競争が生じていることを問題視し、対策の必要性を主張している。ここで、タックス・ヘイブンのリストを公表し、情報の透明化を促していく機運が醸成されていった。

　第三の投機的マネー規制では、1990年代に頻発した通貨危機―欧州、メキシコ、アジア、ロシア、アルゼンチン等―に対して、G7が1999年にFSF（金融安定フォーラム）を創出した。FSFはBIS（国際決済銀行）内に事務局を置き、IMFと連携しつつ、国際金融システムの安定化のための監視活動を行うが、ここでもタックス・ヘイブンを通じた投機マネーの移動をいかにモニターするかが課題とされる。

第4章　タックス・ヘイブンとグローバル金融規制の動向

　以上の3系列の活動は、2008年9月のリーマンショック以降、より強化されていくが、そこに進む前に、日本政府の国際課税政策を概括しておきたい。

2　日本政府の国際課税政策

　図表12は日本の国際課税関係の政策動向をまとめたものである。OECD、国連、アメリカなどの動向に沿って、これらの政策は打ち出されたと考えられる。
　まず、租税特別措置法に基づくタックス・ヘイブン対策税制（2004年から外国子

図表12　日本の国際課税関係政策の推移

1953	外国税額控除制度創設（直接外国税額控除のみ、国別限度額方式）
1962	間接外国税額控除制度の導入
1978	タックス・ヘイブン対策税制（2004年から外国子会社合算税制）創設（「軽課税国・地域」を大蔵大臣が指定）
1979	軽課税国等を6追加し、33ヵ国・地域指定
1985	・適用対象留保金額の計算における支払配当控除の制限 ・みなし本店所在地基準の採用　・財務諸表の添付義務
1986	移転価格税制創設
1988	軽課税国等の追加指定9、取消1により、41ヵ国・地域指定外国税額控除制度の抜本改正（非課税所得の2分の1を国外所得から除外等）
1992	・軽課税国指定制度を廃止、租税負担割合により判定（租税負担割合25％以下の国・地域） ・内国法人の株式保有要件、10％から5％に引下げ 過少資本税制創設
1993	自家保険会社に係る特定外国会社等の判定の見直し
1995	移転価格ガイドラインの策定
1998	利益配当等の請求権のない株式を発行している場合の特定外国子会社等の判定の見直し
2005	合算所得の見直し 外国関係会社の判定等の見直し（内国法人等の役員の有する株式等の追加） 未処分所得の計算に係る欠損金の繰越期間の延長（5年⇒7年） 課税済留保金額の計算の見直し（損金算入できる期間の延長（5年⇒10年） 特定外国信託の留保所得に係る合算税制の創設
2007	議決権または請求権の異なる株式を発行している場合の外国関係会社および適用法人の判定基準の見直し
2008	適用法人の判定における同族株主グループ及び適用除外の判定における非関連者基準に係る関連者の範囲の拡充
2009	特定外国子会社等の合算対象とされる所得の見直し 間接税額控除制度の廃止
2010	特定外国子会社等の判定を行うトリガー税率の25％から20％への引下げ タックス・ヘイブン対策税制の適用を受ける内国法人の保有割合を5％から10％以上に引上げ

出所：田中（2009）16、27頁、佐和・菅（2012）6-7頁、赤松（2007）254-257頁、川田（2000）9頁。

図表13 タックス・ヘイブン対策税制の課税件数、更正所得金額

	課税件数	更正所得金額(億円)
1999	38	29
2000	78	104
2001	68	52
2002	68	706
2003	66	36
2004	76	487
2005	86	171
2006	81	139
2007	98	481
2008	96	126
2009	112	248
2010	122	128

出所：佐和・菅（2012）11頁。

会社合算税制）が1978年に創設されるが、これは国連、OECDの租税条約モデル作成の動きに対応したものと推測される。1986年の移転価格税制創設、1992年の過少資本税制創設も、同様と思われる。

　タックス・ヘイブン対策税制は、当初は対象となる軽課税国・地域を指定する方式であったが、1992年の改正により、租税負担率25％以下の国・地域という特定方式に変更された。その後、2005年、2010年に大幅な改訂がなされ、方向としては、規制緩和に向かっていると考えられる（佐和・菅 2012：2-7；丸井 2012：94-95）。

　たとえば、特定外国子会社等の判定を行うトリガー税率は2010年に25％以下から20％以下に引き下げられた。また、タックス・ヘイブン対策税制の適用を受ける内国法人等の株式保有割合が5％以上から10％以上に引き上げられた。

　ここで、タックス・ヘイブン対策税制による課税実績を見ておこう。図表13は、課税（申告漏れ）件数と更正（申告漏れ）所得金額の推移を示す。2002年のグラクソ、2004年、2007年の船井電機など、大口の申告漏れをはさみながら、件数、金額とも増加傾向にあるとみることができる。さらに詳しくみたものが図表14である。また図表15は国・地域別の集計であり、特定外国子会社数が多いのは、中国、パナマ、香港、シンガポール等であること、適用率が高いのは、パナマ、ケイマン諸島、リベリア、英領ヴァージン諸島などの典型的タックス・ヘイブンであることがわかる。

　一方、日本の2国間租税条約は、2014年7月1日時点で、84ヵ国・地域との間で61条約が成立しているが、図表16は2004年以降の状況を示している。2004年の日米租税条約は、OECDのモデル租税条約に基づき、小泉政権の経済活性化策の一環として、クロス・ボーダー取引の租税面からの促進、対内・対外投

図表14　タックス・ヘイブン対策税制にかかわる申告状況

	1991	1995	2000	2005	2010
特定外国子会社等を有する内国法人数(件)	716	786	850	931	1,505
同上に係る特定外国子会社等の数(件)	3,153	3,974	4,408	5,065	11,185
適用除外数	563	950	1,374	2,079	6,715
適用対象数	2,590	3,024	3,034	2,986	4,470
課税対象留保金額(億円)	339	393	405	1,227	2,981
特定外国子会社等が所在する国・地域数	20	56	59	81	123

出所：丸井（2012）94頁。

図表15　特定外国子会社等の申告状況

	特定外国子会社数	適用除外会社数	適用対象会社数	適用率（％）
中国	3,157	2,857	300	9.5
パナマ	1,704	14	1,690	99.2
香港	1,145	672	473	41.3
シンガポール	1,067	720	347	32.5
ケイマン諸島	548	6	542	98.9
台湾	452	401	51	11.3
マレーシア	441	370	71	16.1
韓国	305	270	35	11.5
リベリア	302	2	300	99.3
ベトナム	202	184	18	8.9
インドネシア	141	120	21	14.9
マーシャル諸島	106	9	97	91.5
ロシア	103	91	12	11.7
タイ	103	81	22	21.4
英領ヴァージン諸島	91	1	90	98.9
15ヵ国・地域計	9,867	5,798	4,069	41.2
全世界	11,185	6,715	4,470	40.0

出所：図表14に同じ。

資の拡大を狙いとしたものである（浅川 2004）。これを契機に租税条約促進政策が打ち出されており、税制調査会は、「わが国の租税条約に関する基本方針がより一層の投資交流の促進と課税の適正化の両面に配慮したものに転換されたことを踏まえ、今後、他国との間でもこのような租税条約の見直しが進展するよう努めるべきである」（税制調査会「平成16年度の税制改正に関する答申」、赤松

図表16　日本の租税条約締結状況（2004年以降）

	租税条約（協定）	情報交換を主とする協定
2004	米国	
2006	インド、イギリス	
2007	フランス	
2008	パキスタン、豪州、フィリピン	
2009	ブルネイ、カザフスタン	
2010	シンガポール、マレーシア	バミューダ
2011	香港、サウジアラビア、オランダ スイス、ルクセンブルク	バハマ、マン島、ケイマン諸島
2012		リヒテンシュタイン
2013	クウェート、ポルトガル、ベルギー ニュージーランド	サモア、ガーンジー島 ジャージー島
2014		マカオ
発効準備中	UAE、オマーン、スウェーデン	英領ヴァージン諸島

出所：財務省「租税条約交渉の現状（条文・概要）」（http:www.mof.go.jp/tax_policy/summary/international/269.htm, last visited, 4 August 2014）。

2007：103）と意見を表明した。

　図表16に見られるように、2004年以降、租税条約の締結・改訂が増加しており、特に2010年以降、タックス・ヘイブン地域と情報交換を主とする租税協定が締結されている点が注目される。これは、リーマンショック以降の国際的な金融規制の潮流に沿ったものと考えられる。2011年2月7日のケイマン諸島との租税協定署名に関する報道発表は、「本協定は、租税に関する国際標準に基づく税務当局間の実効的な情報交換の実施を可能とするものであり、一連の国際会議等で重要性が確認されている国際的な脱税及び租税回避行為の防止に資することとなります」と述べている。

　また、2013年10月に発効した「租税行政執行共助条約」は、各国税務当局の多国間協力の制度化にほかならず、国際課税制度の近年の到達点を示すものといえよう。

3　G20を中心とするグローバル金融規制の動向

　2008年9月のリーマンショックに始まるグローバル金融危機は、新たに発足したG20を中心として、包括的な金融規制体系を創出していく契機となった。

図表17　G20におけるタックス・ヘイブン規制に関連する取り組み

	首脳宣言	行動計画等
2008.11 ワシントン	9の3　金融市場における公正性の促進。 ・銀行機密と透明性に関する国際的な基準にまだコミットしていない国・地域に関する観点を含む情報共有を促進する。	金融市場における公正性の促進・中期的措置。 ・金融活動作業部会（FATF）は、マネーロンダリング及びテロ資金に対する重要な作業を継続する。我々は、世界銀行及び国連の取組である奪われた財産の回復（StAR）イニシアティブを支持する。 ・税務当局は、経済協力開発機構（OECD）等の関連機関の作業に依拠しつつ、引き続き、税務情報の交換を促進するための努力を継続する。透明性の欠如と税務情報の交換の不備は精力的に解決される。
2009.4 ロンドン	15の7　金融監督及び規制の強化。 ・タックス・ヘイブンを含む非協力的な国・地域に対する措置を実施する。我々は、財政及び金融システムを保護するために制裁を行う用意がある。銀行機密の時代は終わった。我々は、税に関する情報交換の国際基準に反しているとグローバル・フォーラムによって評価された国のリストを本日経済協力開発機構（OECD）が発表したことに留意する。	タックス・ヘイブン及び非協力的な国・地域 我々は、税に関する透明性についての国際基準を満たさない国・地域に対して合意された行動をとる準備ができている。この目的のために、我々は、以下のような各国が検討すべき効果的な対抗措置の項目表を策定することに合意した。 ・納税者及び金融機関に対する非協力的な国・地域に関係する取引報告の開示義務の強化。 ・幅広い種類の支払いに対する源泉徴収。 ・非協力的な国・地域に居住する受取者に対する支払いの経費控除の否認。その他3項目。
2009.9 ピッツバーグ	15. 非協力的な国・地域（NCJs）と闘うという我々のコミットメントは、目覚しい成果を上げた。我々は、タックス・ヘイブン、資金洗浄、汚職、テロ資金供与及び健全性基準への対応に関するグローバル・フォーラムの拡大を歓迎し、ピア・レビューの効果的なプログラム遂行への合意を歓迎する。このフォーラムの取組の主たる焦点は、税の透明性と情報交換を改善することによって、各国がそれぞれの課税ベースを守るために税法を完全に執行できるようにすることである。また、我々は2010年3月からタックス・ヘイブンに対する対抗措置を使用する用意をする。我々は、資金洗浄とテロ資金供与に対する闘いにおける、金融活動作業部会（FATF）の取組による進展を歓迎し、FATFに対し、リスクの高い国・地域のリストを2010年2月までに公表することを求める。我々は、FSBに対し、2009年11月に、国際協力と情報交換に関し、NCJsへの対処の進捗を報告し、2010年2月までにピア・レビューの手続を開始することを求める。	
2010.6 トロント	金融セクター改革。 22. 第四の柱は、透明性のある国際的な評価及びピア・レビューである。我々は、IMF及び世界銀行の金融セクター評価（FSAP）に対する我々のコミットメントを強固にするとともに、FSBを通じて実施されている強固で透明性のあるピア・レビューを支援することを誓約した。我々は、タックス・ヘイブン、資金洗浄及びテロ資金供与との闘い、並びに健全性基準の遵守に関し、包括的、整合的かつ透明性のある評価に基づき、非協力的な国・地域に対処している。	金融セクター改革 ―その他の国際基準及び非協力的な国・地域。 38. 我々は、税目的の透明性及び情報交換についてのグローバル・フォーラムの作業を完全に支持し、相互審査プロセスの進捗とすべての関係国に開かれた情報交換のための多国間の仕組みの開発を歓迎した。（中略）我々はタックス・ヘイブンに対する対抗措置を使用する用意をする。 39. 我々は、資金洗浄やテロ資金供与に対する闘い、戦略上の欠陥を有する国・地域の公表リストの定期的な更新についての金融活動作業部会（FATF）及びFATF型の地域機関の作業を完全に支持する。

2010.11 ソウル	実施及びピア・レビューを含む国際的な評価 39．（前略）税の透明性及び情報交換に関するグローバル・フォーラム、金融活動作業部会（FATF）による現在進行中の作業を歓迎した。	
2011.11 カンヌ	金融セクター改革と市場の健全性の強化。 17．租税の分野では、我々は進捗を歓迎し、……その枠組みが適格でない11の国・地域に対し……不備に取り組むため必要な行動をとることを求める。	租税回避地域及び非協力的な国・地域への対処 35．租税、健全性、マネーロンダリング・テロ資金供与対策の３分野における、グローバル・フォーラム、FSB、FATFによる進捗をレビュー
2012.6 ロスカボス	金融セクターの改革と金融包摂の促進。 48．租税分野では、フェーズ２への資格を有していない13の国・地域に対し、提言の実施を促す。 49．FATFの改訂基準の履行を期待し、……租税回避地によるリスクへの対処の進捗を歓迎する。	
2013.9 サンクトペテルブルグ	骨子６．税源浸食・利益移転への対処、租税回避への取組、税の透明性と自動的な情報交換の推進 ・税源浸食・利益移転（BEPS）に対処することを目的とした野心的で包括的なOECDの行動計画を全面的に支持する。OECD/G20 BEPSプロジェクトの設立を歓迎し、全ての関心のある国が参加することを奨励する。 ・新しい国際基準としての、自動的情報交換にコミットし、OECDの作業を完全に支持する。 骨子７．国際金融制度改革、金融規制改革等 ・シャドーバンキング・システムの監督、規制のための勧告に関する作業の進展を歓迎し、勧告の時宜を得た実施を求める。 ・マネー・ロンダリング、テロ資金供与対策に関する金融活動作業部会（FATF）の取組へのコミットメントを再確認した。	

出所：外務省ウェブサイト（http://www.mofa.go.jp/mofaj/gaiko/g20/index.html, last visited, 4 August 2014）。

　図表17は、2008年11月から2013年９月までに８回開催されたG20サミット（金融・世界経済に関する首脳会合）の首脳宣言、行動計画等の文書から、タックス・ヘイブン規制関係の文章を抜き出したものである。以下、より広い金融規制の文脈に沿って、この間の動きをたどってみたい。

　2008年11月、ワシントン・サミットの「首脳会合宣言」は、５項目、16パラグラフで構成された。その第３項目「金融市場の改革のための共通原則」には、パラグラフ８、９があてられた。パラグラフ８では、「……我々は、危機の再来を防止するために、金融市場の規制枠組みを強化する改革を実施する。」「……国際金融の安定に悪影響を及ぼす国境を越えた地域的及び世界的な動向を防止するためには、規制当局間の強化された国際連携及び必要に応じた国際基準の強化とその一貫した実施が必要である」と述べている。続くパラグラフ９では、「透明性及び説明責任の強化」「健全な規制の拡大」「金融市場における公正

性の促進」「国際連携の強化」「国際金融機関の改革」の5項目を挙げている。さらに、「改革のための原則を実行するための行動計画」では、「透明性及び説明責任の強化」「健全な規制の拡大」「健全性に関する監督」「リスク管理」「金融市場における公正性の促進」「国際連携の強化」「国際金融機関の改革」の7項目を掲げ、それぞれ短期的措置(2009年3月31日まで)と中期的措置を列挙した。金融危機がきわめて深刻であったため、規制にかかわる改革案は広範な領域にわたっているが、この段階ではいずれも抽象的な表現にとどまっている。

　2009年4月、ロンドン・サミットの「首脳声明」は、6項目、29パラグラフで構成された。その第2項目「金融監督及び規制の強化」には、パラグラフ13～16が割り振られた。パラグラフ13では、「金融セクター及び金融規制・監督における主要な失敗が危機の根本原因であった。……我々は、……将来の金融セクターのための、より強力で世界的により整合的な監督・規制枠組みを構築すべく行動をとっていく。」とある。危機の直接の原因が規制・監督の失敗であったとしても、根本原因は過剰な投機マネーの存在であると考えられるが、ともかくこの時点では規制強化が強調されている。パラグラフ15では、金融システム強化のための9項目を挙げており、その7でタックス・ヘイブン規制、9で格付け会社規制を提起している。「首脳声明」付属の「金融システムの強化に関する宣言」は、9項目にわたる包括的なもので、第4項目「規制の範囲」では、「我々は、システム上重要な金融機関、市場及び商品の全てが、適切な程度の規制及び監督の対象となることについて合意した。」と述べる。第6項目「タックス・ヘイブン及び非協力的な国・地域」では、OECD発表のリストに留意しつつ、6項目の対抗措置を講じていく決意を表明している。

　危機が深刻であったロンドン・サミットの時期が、金融規制への関心の頂点であり、以後事態が沈静化に向かうにつれて、規制策は具体化していくものの、迫力は次第に失われていく。2009年9月、ピッツバーグ・サミットの「首脳声明」では、銀行の資本規制、報酬規制、店頭デリバティブ規制、国際会計基準、タックス・ヘイブン規制などが取り上げられ、タックス・ヘイブン関係では、透明性・情報交換に関するグローバル・フォーラム、資金洗浄に関するFATF、金融システム監視に関するFSB(金融安定理事会)のそれぞれの役割が

書き込まれた。

　2010年6月、トロント・サミットの「宣言」の中の「金融セクター改革」では、記述は簡略化され、改革の4本柱として、規制枠組み強化、実効的な監督、破綻処理システム整備、国際的ピア・レビューが掲げられた。タックス・ヘイブン規制については、別添の「金融セクター改革」の中の「その他の国際基準及び非協力的な国・地域」で触れられるにとどまり、取り組みが後退した印象を与えた。

　2010年11月、ソウル・サミットの「首脳宣言」は簡潔なものとなり、その代わりに、長い「ソウル・サミット文書」が作成されたが、テーマはますます拡散し、タックス・ヘイブンに関する事項は、「実施及びピア・レビューを含む国際的な評価」と題する項目の中で、非協力的な国・地域に対するFSB、グローバル・フォーラム、FATFの役割として言及されるのみであった。

　こうした動きに対して、2011年11月、カンヌ・サミットの「コミュニケ」では、「金融セクターの改革と市場の健全性の強化」と題する項目の中で、租税、健全性、資金洗浄にかかわるグローバル・フォーラムの活動を評価し、11の不適格な国・地域の指摘、多国間税務執行共助条約調印などに言及したことは注目に値する。また、付属文書の一つ「我々の共通の将来の建設：すべての人の利益のための改訂された集合的行動」の中の「金融セクター改革の実施及び深化」には多くの分量が割かれ、「租税回避地域及び非協力的な国・地域への対処」の見出しがついたパラグラフは、これまでになく詳細な記述になった。そこでは、租税分野ではグローバル・フォーラムによる租税情報交換システムの進展、健全性分野ではFSBの取り組み、マネーロンダリング・テロ資金供与対策の分野ではFATFによるリスト公表などの成果を強調していた。

　2012年6月、ロスカボス・サミット「首脳宣言」では、再び記述は簡略化され、特に目新しい文言は見出されなくなった。しかし、次の2013年9月、ペテルスブルグ・サミット「首脳宣言」では、目新しい項目として、「税源浸食・利益移転(BEPS)への対処、租税回避への取組、税の透明性と自動的な情報交換の推進」が掲げられた。その中で、「G20/OECD・BEPSプロジェクトの設立を歓迎」、「OECDの国境なき税務調査官構想を歓迎」などの表現が登場している。

BEPSとは、Base Erosion and Profit Shifting（課税ベースの浸食と利益移転）の意味であり、各国税制間の不整合、電子商取引の発達、無形資産（知的財産権、商標権等）の活用などにより、多国籍企業が合法的な課税回避を大規模に行っている事態を指しており、OECDはこれを防止する行動計画を作成し、2013年7月にG20財務大臣・中央銀行総裁会議に提出した。[10] 行動計画は、電子商取引への対応、タックス・ヘイブン対策税制（CFC、外国子会社合算税制）の強化、移転価格操作の規制、多国間ルールの構築など、15項目にわたり、2年以内の具体化を目指している。BEPSプロジェクトがはたしてどれほどの実効性を持つのか不明であるが、グローバル金融規制が新たな段階を迎えたことは間違いあるまい。

5 結びにかえて——今後の課題

2008年9月のリーマンショックからすでに6年が経過し、G20サミットは8回を数えている。この間、タックス・ヘイブンを焦点とするグローバル金融規制は、前進しているとしても、そのスピードは決して速くない。FSB、グローバル・フォーラム、FATFなどは、それぞれ活動を積み重ねてきているとはいえ、目立った成果をあげているようには見えない。世界的な超金融緩和が続く中で、投機マネーの蓄積は水面下で進行しており、グローバル金融危機再来の可能性も否定できない。

本章では、グローバル金融規制の推移について簡単な整理を試みたのみであり、本格的な掘り下げた分析は今後の課題とせざるをえなかった。秘密保護の壁を打破する可能性をもつEUの貯蓄課税指令（Palan *et al.* 2010：訳書 366-371、383-384）、多国籍企業に対する国別決算書作成の義務づけ（Palan *et al.* 2010：訳書 404-405）、その発展型としてのユニタリー・タックス（Picciotto 2012）等々、検討すべき課題は多い。また日本多国籍企業のタックス・ヘイブン活用の実態分析も、入り口でとどまってしまった。欧米における調査研究に比べ、日本をベースとした研究は大きく立ち遅れており、この分野の取組を今後一段と強めていく必要があろう。

【注】

1） タックス・ヘイブンの範囲・定義については、Shaxson (2011) 訳書26-34頁、Palan *et al.* (2010) 訳書70-80頁、参照。
2） Palan *et al.* (2010) 訳書95-101頁では、タックス・ヘイブンの情報源として、利用者向けマニュアル、国際機関、タックス・ヘイブン自体、オフショア専門機関・企業、各国の国税当局、学術研究成果、国際的NGOなど、主体別7系統を挙げているが、本章では刊行物（図書）の系譜に即して区分している。
3） それらのリストを総合した一覧表が、山口 (2009) 58-59頁、合田 (2012b) 151頁、Palan *et al.* (2010) 訳書89-92頁などに掲出されている。
4） オランダがいかなる意味でタックス・ヘイブンであるかについては、本庄 (2013a) 268-300頁、参照。
5） タックス・ヘイブン規制をめぐる攻防の概略は、Palan *et al.* (2010) 訳書319-372頁、参照。
6） 財務省報道発表「改訂FATF勧告の概要」2012年2月17日 (http://www.mof.go.jp/international_policy/convention/fatf-40_240216.htm, last visited, 4 August 2014)。
7） 財務省「我が国の租税条約ネットワーク」(http://www.mof.go.jp/tax_policy/summary/international/182.htm, last visited, 4 August 2014)。
8） 財務省「租税条約に関するプレスリリース」(http://www.mof.go.jp/press_release/index.htm, last visited, 4 August 2014)。ただし、情報交換の有効性については根本的な疑問が提起されている（志賀 2013a：38、192）。
9） 財務省「税務行政執行共助条約」2013年7月1日 (http://www.mof.go.jp/press_release/250701.htm, last visited, 4 August 2014)。
10） OECD (http://www.oecd.org/tax/beps.htm, last visited, 4 August 2014)。

〔参考文献〕

○日本語文献

赤松晃 (2007)『国際課税の実務と理論』税務研究会出版局
浅川雅嗣 (2004)「日米新租税条約の署名について」『ファイナンス』458号
石黒一憲 (2000)『グローバル経済と法』信山社
石黒一憲 (2007)『世界貿易体制の法と経済』慈学社
一ノ瀬秀文 (2013)「タックス・ヘイブンと多国籍企業の税不正をいかにしてなくすか」『経済』219号
植田和弘・新岡智編 (2010)『国際財政論』有斐閣
海外投資を楽しむ会 (2003)『小富豪のためのタックスヘイヴン入門』東洋経済新報社
金山スティーブ (2012)『タックスヘイブンに会社をつくる本』アールズ出版
川田剛 (2000)『タックス・ヘイブン対策税制 過少資本税制（国際課税の理論と実務 第4巻）』税務経理協会

第4章　タックス・ヘイブンとグローバル金融規制の動向

川田剛（2006）『国際課税の基礎知識〔七訂版〕』税務経理協会（初版、1989年）
川田剛（2009）『節税と租税回避――判例にみる境界線』税務経理協会
川田剛・徳永匡子（2009）『OECDモデル租税条約コメンタリー逐条解説〔2008年改正版〕』税務研究会出版局
合田寛（2012a）「多国籍企業の課税逃れ」『経済』203号
合田寛（2012b）「タックスヘイブン グローバル資本主義の聖域」『経済』207号
合田寛（2013）「租税国家の危機とタックスヘイブン」『経済』215号
国際連合（1976a）『開発及び国際関係に対する多国籍企業の影響　租税に関する特別報告書』（関西大学経済・政治研究所「調査と資料」第18号、多国籍企業問題資料Ⅰ）
国際連合（1976b）『先進国と途上国間の租税条約のためのガイドライン』（関西大学経済・政治研究所「調査と資料」第19号、多国籍企業問題資料Ⅱ）
国際連合（1976c）『国連報告書　多国籍企業と課税問題』（関西大学経済・政治研究所 多国籍企業研究シリーズ①）ミネルヴァ書房
国際連合（1980）『トランスファー・プライシングと多国籍企業』（関西大学経済・政治研究所「調査と資料」第35号、多国籍企業問題資料X）
国際連合、OECD（1980）『国際連合／OECD報告書　多国籍企業と価格操作』（関西大学経済・政治研究所 多国籍企業研究シリーズ⑥）ミネルヴァ書房（原著は、UNCTAD, *Dominant Positions of Market Power of Transnational Corporations: Use of the transfer pricing mechanism*, 1978, OECD, *Transfer Pricing and Multinational Enterprises*, 1979）
財務省財務総合政策研究所（2009）『フィナンシャル・レビュー』94号（特集「国際課税」）
佐々木隆生（2010）『国際公共財の政治経済学』岩波書店
佐藤正勝編（2007）『Q&A移転価格税制』税務経理協会
佐和周・菅健一郎（2012）『タックス・ヘイブン対策税制Q&A』中央経済社
志賀櫻（2013a）『タックス・ヘイブン――逃げていく税金』岩波書店
志賀櫻（2013b）「国境を越えて公法の網をかいくぐるマネーをいかに規制すべきか」『世界』849号
髙橋誠、浅岡泰史（2010）『ヘッジファンド投資ガイドブック』東洋経済新報社
田近栄治、渡辺智之編（2007）『アジア投資からみた日本企業の課税』中央経済社
橘玲（2006）『マネーロンダリング入門』幻冬社
田中琢二（2009）「国際課税の現状と課題」『国際税務』29巻7号
鶴田廣巳（2013）「グローバリゼーションと租税国家の課題」『経済』215号
東洋経済新報社（2012）『海外進出企業総覧』2012年版
中村雅秀（1995）『多国籍企業と国際税制』東洋経済新報社
中村雅秀（2010）『多国籍企業とアメリカ租税政策』岩波書店
本庄資（2004）『国際的脱税・租税回避防止策』大蔵財務協会
本庄資（2011）「オフショア事業・投資拠点とオフショア・タックス・ヘイブンとの間に介在する「導管国」（a conduit country）をめぐる国際課税――実効税率引下げ競争に利用

されるサンドイッチ・スキーム」『税大ジャーナル』17号
本庄資 (2013a)『オフショア・タックス・ヘイブンをめぐる国際課税』日本租税研究協会
本庄資 (2013b)「陳腐化した国際課税原則を見直し新しい国際課税原則を構築する必要性
　　——OECDのBEPS対策の始動を中心として」『税大ジャーナル』21号
増井良啓・宮崎裕子 (2008)『国際租税法』東京大学出版会
丸井龍平 (2012)「税逃れの温床＝タックスヘイブン」『経済』203号
丸山恵也 (2012)「世界経済危機と多国籍企業」(『経済』201号、後に丸山恵也編 (2012)『現
　　代日本の多国籍企業』新日本出版社に収録)
三木義一・前田謙二 (2012)『よくわかる国際税務入門〔第3版〕』有斐閣(初版、2008年)
森田清隆 (2010)『WTO体制下の国際経済法』国際書院
山口和之 (2009)「タックス・ヘイブン規制の強化」『レファレンス』59巻11号

○外国語文献

Acharya, Viral & Richardson, Matthew (2009) *Restoring Financial Stability: How to Repair a Failed System*, New York: New York University Stern School of Business (アチャリア、ヴィラル・V.・リチャードソン、マシュー・編著 (2011)『金融規制のグランドデザイン——次の「危機」の前に学ぶべきこと』大村敬一監訳、中央経済社).

Blickman, Tom (2009) *Countering Illicit and Unregulated Money Flows: Money Laundering, Tax Evasion and Financial Regulation*, Transnational Institute. (www.tni.org/sites/www.tni.org/files/download/crime3_0.pdf, last visited, 7 November 2014).

Blum, Richard H. (1984) *Offshore Haven Banks, Trusts, and Companies*, Praeger Publishers (ブラム、リチャード・H. (1986)『オフショア市場の犯罪』名東孝二訳、東洋経済新報社).

Brittain-Catlin, William (2005) *OFFSHORE: The Dark Side of the Global Economy*, London: Gillon Aitken Associates (ブリテェイン－キャトリン、ウィリアム (2008)『秘密の国　オフショア市場』森谷博之監訳、東洋経済新報社).

Chavagneux,Christian & Palan, Ronen (2006) *Les Paradis Fiscaux*, Paris: Editions La Decouverte (シャヴァニュー、クリスチアン・パラン、ロナン (2007)『タックスヘイブン——グローバル経済を動かす闇のシステム』杉村昌昭訳、作品社).

Davies, Howard & Green, David (2008) *Global Financial Regulation: The Essential Guide*, Polity Press (デイビス、ハワード・グリーン、デイビッド『金融監督規制の国際的潮流——変革の道標』五味廣文監訳、野村総合研究所訳、金融財政事情研究会).

Eijffinger, Sylvester & Masciandaro, Donato eds. (2011) *Handbook of Central Banking, Financial Regulation and Supervision after the Financial Crisis*, Cheltenham: Edward Elgar.

Errico, Luca & Alberto, Musalem (1999) "Offshore Banking: An Analysis of Micro- and Macro-Prudential Issues", *IMF Working Paper*, 99/5.

Fehrenbach, T.R.(1966)*The Swiss Banks*(フェーレンバッハ、T.R(1979)『スイス銀行』向後英一訳、早川書房)

Financial Stability Board(2012)*Strengthening Oversight and Regulation of Shadow Banking: A Plicy Framework for Strengthening Oversight and Regulation of Shadow Banking Entities.*(www.financialstabilityboard.org/2012/11/r_121118a/, last visited, 8 November 2014).

Gordon, Richard K.(2010)"Global Governance and Offshore Financial Centers", *North Carolina Law Review*, January 2010.

Kar, Dev Freitas, Sarah(2012)*Illicit Financial Flows from Developing Countries: 2001-2010*, Global Financial Integrity.(www.gfintegrity.org/report/illicit-financial-flows-from-developing-countries-2001-2010/, last visited, 8 November 2014).

Lane, Philip R. Milesi-Ferretti, Gian Maria(2010)"Cross-Border Investment in Small International Financial Centers", *IMF Working Paper*, 10/38.

OECD(1998)*Harmful Tax Competition: An Emerging Global Issue*(OECD租税委員会編(1998)『有害な税の競争——起こりつつある国際問題』水野忠恒監訳、日本租税研究協会).

Palan,Ronen et al.(2010)*Tax Havens: How Globalization Really Works*, Cornell University Press(パラン、ロナン(2013)『[徹底解明]タックスヘイブン——グローバル経済の見えざる中心のメカニズムと実態』青柳伸子訳、作品社).

Picciotto, Sol(2012)*Towards Unitary Taxation of Transnational Corporations*, Tax Justice Network.(www.taxjustice.net/cms/upload/pdf/Towards_Unitary_Taxation_1-1.pdf, last visited, 8 November 2014)

Powis, Robert E.(1992)*The Money Launderers: Lessons From The Drug Wars*, Chicago: Probus Publishing(ポウイス、ロバート・E.(1993)『不正資金洗浄』上、下、名東孝二監修、正慶孝監訳、西村書店).

Reuter, Peter ed.(2012)*Draining Development?; Controlling Flows of Illicit Funds from Developing Countries*, The World Bank.(https://openknowledge.worldbank.org/handle/10986/2242, last visited, 8 November 2014).

Robert, Denis & Backes, Ernest(2001)*REVELATIONS*, Paris: Editions des Arenes(バックス、エルネスト・ロベール、ドゥニ(2002)『マネーロンダリングの代理人——暴かれた巨大決済会社の暗部』藤野邦夫訳、徳間書店).

Shaxson, Nicholas(2011)*Treasure Islands: Tax Havens and the Men Who Stole the World*, Bodley Head, The Random House Group(シャクソン、ニコラス(2012)『タックスヘイブンの闇』藤井清美訳、朝日新聞出版).

Tax Justice Network(2007)*Closing the Floodgates: Collecting tax to pay for development.*(www.attac.no/wp-content/uploads/2011/03/Closing-the-Floodgates-TJN.pdf, last visited, 8 November 2014).

Tax Justice Network(2011)*The Cost of Tax Abuse: A Briefing Paper on the Cost of Tax*

Evasion Worldwide, November 2011.（www.taxjustice.net/wp-content/uploads/2014/04/Cost-of-Tax-Abuse-TJN-2011.pdf, last visited, 8 November 2014）.
Tax Justice Network（2012）*The Price of Offshore Revisited*, July 22, 2012（http://www.taxjustice.net/2014/01/17/price-offshore-revisited, last visited, 4 August 2014）.
The Task Force on the Development（2008）*Impact of Illicit Financial Flows*.（report presented to UN International Conference on Financing for Development, Doha, 2008）
U.S.PIRG（2012）*Picking Up the Tab: Average Citizens and Small Businesses Owners Pay the Price for Offshore Tax Havens*, April 12, 2012.（www.uspirg.org/news/usp/taxpayers-would-pay-426-make-tax-haven-abuse-small-businesses-2116, last visited, 8 November 2014）.
Ziegler, Jean（1990）*La Suisse Lave Plus Blanc*, Paris: Les Editions du Seuil（ジーグレル、ジャン（1990）『スイス銀行の秘密』萩野弘巳訳、河出書房新社）.
Zorome, Ahmed（2007）"Concept of Offshore Financial Centers: In Search of an Operational Definition", *IMF Working Paper*, 07/87.

【参考ウェブサイト】

財務省 http://www.mof.go.jp/
外務省 http://www.mofa.go.jp/
JETRO（日本貿易振興機構）http://www.jetro.go.jp/
日本銀行 http://www.boj.or.jp/
IMF（国際通貨基金）http://www.imf.org/
OECD（経済協力開発機構）http://www.oecd.org/
Global Financial Integrity http://www.gfintegrity.org/
Tax Justice Network http://www.taxjustice.net/
Citizens for Tax Justice http://www.ctj.org/

第5章

地球規模での批判的・再帰的自己制御
——大気の私有化からグローバル・タックスおよび公共財へ

ヘイッキ・パトマキ

1　はじめに——グローバル気候ガヴァナンスの制度設計に向けて

　グローバル・ガヴァナンスが必要な主な理由は、個々の国家の行動や世界の市場は、不必要でよけいな、かつ望ましくない世界規模での開発を抑制することができないからである。国家や市場は実際のところ、金融危機、地球温暖化等の持続可能でない開発をもたらす動きの一環となっているといえる。正当かつ共通の制度なしに、低開発、不均等な工業化と成長、あるいはグローバルな特権やパワーの蓄積に対抗する行動を起こすことは困難である。また、これらの動きはすべて、適切な対抗手段が存在しなければ、ますます自己を強化するように作用する。[1]

　社会システムが—惑星の生命システムの一部として—機能する方法に関する知識が、望まれない結果を回避する、あるいは望まれる結果を得るために、再帰的に適用されるとき、私たちはこれを再帰的自己制御として語ることができる（Giddens 1979：55-56）。グローバルな動向を、合意可能かつ必要とされる方向に導くに足る理由が生じると、問題は必ず「どのようにして行うか」に帰着する。特定の地球規模課題には常に多くの、そして少なくとも一見したところでは妥当と思われる対策が存在する。目前の問題に取り組むに当たり、私たちはどのようにして、このさまざまな対策を比較し、評価できるのだろうか。アクターを教育し、実践経験を積ませることは、典型的な手法の一つといえる。

より強力な手法としては、行動の再定義、既存の制度の再編、あるいは新たな制度の創設により、活動や実践方法を定めることができる。活動を単純に禁止するという手法もある。あるいは、数量的な制限を設け、活動や測定可能な結果を制約するという手法もある。これは、キャップ・アンド・トレード(Cap and Trade)制度のように、市場メカニズムによって補完することが可能である。また同様に、有害な活動に課税することで、望まれない方向から望まれる方向へと導くことも可能である。さらにこの税収は、代替的な動きを生み出すように建設的に使用することができる。

　望まれる変化をもたらすには、異なる対応の有効性を評価する必要がある。しかし、考察すべき事項は他にもたくさんある。地球規模課題に対する回答それぞれに、制度の再編という要素がかかわる。制度は、多くの場合、その選択を行う者の多様な動機に従って、複数の効果を持つ(Pierson 2004：109)。規範的観点から見れば、グローバルな制度はいずれも、異なる価値観と多様な目的意識が顕在化した存在である。これらの価値観や目的意識は、果たして共有されているといえるのだろうか。また、普遍的、正当であるといえるのだろうか[2]。

　これに密接に関連して、改革の提案に対する実質的および潜在的な政治的支持の問題がある。改革の提案が、政治的支持や変化を起こす可能性に関する現実的分析に基づいているか否かは、結果に重大な影響を与える。全く異なる目的を持ちながら、特定の制度改革や取り決めを支持する改革者の連合が成立する場合もある。変化を支持するアクターや社会的勢力には、どんなものが存在し得るのだろうか。改革の反応─そして累積的影響─はどのようなものになるだろうか。改革に対する反動があるという潜在的な兆候は見られるか否か。改革により、どのような新たな展望が開けるのか[3]。

　目的によっては、いかなる状況でも達成が不可能な場合がある。また制度的な取り決めは、集団的行動の過程で生じる問題や、腐敗の問題に左右されることもある(Hardin 1996)。さらに、制度的な取り決めは、支配的な考え方や言説を強化、変形、あるいは傷つける場合があり、そうなると今度はアクター間の信頼関係や期待に影響を及ぼし、制度的可能性を制約することもある[4]。こうし

た内部的作用、ならびに相互作用の役割は重要である。たとえば、制度に期待される役割や機能をアクターが理解できない、あるいは是認しない場合、彼らはその目的を達成できなくなる可能性があるからである。また制度は、その制度の目的に関係する長所を理解し、関与する意識がなければ成立しない場合もある[5]。制度の設計者は、最大限この種の影響を予期しなければならない。というのも、こうした影響こそが、制度がその目的を達成できるか否かを左右する決定的要因となるからだ（Dryzek 1996）。

　本章では、地球温暖化—それがきわめて重要なことはいうまでもないが—を例にとり、グローバル・ガヴァナンスに関する制度設計について、より一般的な持論を論じる。国連気候変動枠組条約（UNFCCC: United Nations Framework Convention on Climate Change）の京都議定書は、各国にCO_2の排出枠を設定している。排出枠やキャップ（上限）は、実際にそうであることが多いように、固定的であると見られているが[6]、京都議定書にはアクター間での約定量取引を認める国際排出量取引のスキームがある。すなわち、この制度においては汚染の一つの形態であるCO_2排出量の市場が創出されているのである。グローバル・タックスは、地球温暖化に対するもう一つの切り口になる。炭素税またはそれに匹敵するものは、一部の国ですでに運用されている。また地球炭素税に関する提案もいくつか出されている。

　本章では第一に、地球規模の気候変動についてその実態を概説する。第二に、排出量取引システムの成立とその発展について論述する。第三に、このシステムの問題点について、三つの異なる視点から解析し、排出量取引システムの代替として、地球炭素税を提案する。この成否は、グローバルな気候レジームの価値と目的がいかに深く理解されるかにかかっている。ここで重要になるのが、グローバル公共財という概念である。第四に、地球炭素税が政治的に実現可能かどうか、また可能な場合はいかにして実現するかを問う。結論では、この特定かつ重要な課題から引き出される、より一般的な教訓について論じる。グローバル気候ガヴァナンスは、何十年も何百年もかかるような変化の中で、地球がホメオスタシス（生体恒常性）の状態を意識的に目指すように再帰的自己制御を作動させるという、きわめて興味深い試みである。さらに本章は、

半自動的な市場メカニズムに頼る準再帰的自己制御から、グローバル公共財の批判的かつ民主的な理解に基づく真の再帰的自己制御への変革を提言する。

2　地球温暖化

　産業革命とは、すなわち、化石燃料革命のことであった。地球温暖化および気候変動は、これに伴う経済成長がもたらした結果である。19世紀、世界人口はおよそ倍増し、以降その規模は 4 倍に増えた。2010年代、世界の経済的産出量は1900年に比較してほぼ20倍に膨れあがり、エネルギー消費量も同一のパターンで急増を遂げた。[7]

　21世紀の初頭、化石燃料は最も重要なエネルギー源として君臨する。化石燃料の燃焼により、大気中に二酸化炭素（CO_2）が排出され、これが自然の温室効果を高め続けている。土地利用もここで大きな役割を果たしている。土地利用は数千年にも渡り累積的影響を及ぼしてきた可能性がある（William 2003：261-293）。また工業により排出される温室効果ガスは、何もCO_2ばかりではない。CO_2よりも地球温暖化係数がはるかに高い物質はいくらでも存在する。

　地球の気温に影響を与えるプロセスは、いくつもの力やメカニズムによって左右され、その多くはいまだ十分に解明されていない。また近年の気温変化の実態についても、依然として議論の余地はある。しかし、人為起源の地球温暖化は、すでに確実に科学的事実として成立している。温室効果のメカニズム、CO_2あるいはメタンが温室効果ガスであることには、もはや疑問の余地はない。問題はいかにして、開かれた体系のなかで単一のメカニズムによる効果を切り離して考えるかにある。そうしなければ、多くの条件や、場や、メカニズムの相互作用により、不確かな、かつ不安定な予測結果が生じてしまう可能性があるからだ。[8]こうした困難性がありつつも、「20世紀半ば以降に観測された世界平均気温の上昇のほとんどは、人為起源の温室効果ガスの観測された増加によってもたらされた可能性が非常に高い」ことは、もはや科学的コンセンサスとなっている。[9]

　摂氏 2 度は、地球温暖化を自律的に加速するプロセスの引き金となる限界閾

値であるとよくいわれる。しかしながら、この閾値を容易に超えてしまう可能性が、ますます高まっている。気温の急激な変化は、生命の状態を劇的に変え、それは各国が依存する全地球規模の産業文明に対する負荷となる。地球温暖化はまた、暴力に発展するような紛争を引き起こし、また勢いづける可能性もある。地球の生命システムへの破壊が進めば進むほど、地球規模の産業文明の根幹が揺らぐであろう。典型的なカサンドラ（凶事の予言者）風の嵐の警告では、人類は21世紀の半ばまでに「これまでのどの時代よりも長期に及ぶ暗黒時代へと突入するやもしれない。なぜならば、史上最も破壊的な兵器が残る一方で、その使用を規制し平和を実現するための手段が消え去っているからだ」(Flannery 2005：291；Patomäki 2008：204-208)。

　恐ろしい嵐の警告は、それに対する対処行動いかんによって左右される。これらの行動は、さまざまな理由でピタリと一致しない場合がある。しかしこうした留保にかかわりなく、地球温暖化には調整のために多大なコストがかかり、まさに破滅的規模の危険を伴うことは明白である。温室効果ガスの排出増加を地球規模の気温上昇に結びつけるモデルでは、仮にすべての人為起源の温室効果ガスの排出が明日止まったとしても、あるいは絶対値として最低水準に達したとしても、いずれにせよ、次の100年の間には、大幅な気温の上昇が起こるだろうと予測している（Pierson 2004：80）。海面水位が上昇するにしたがい、上海、マニラ、ジャカルタ、バンコク、コルカタ、ムンバイ、カラチ、ラゴス、ブエノスアイレス、リマなどの沿岸部の大都市は、飲料水の汚染に見舞われる。アフリカ南部やオーストラリア、地中海などでは、干ばつが続き、悪化する。北米を含む多くの地域で、極端な気候が生活を困難にする。

　影響は徐々に広範囲に渡って拡散するようになり、先進国にも悪影響を及ぼすようになるだろう。北海に流入する雪解け水は、表面の塩分を含む海水を薄め、最終的には、メキシコ湾流の流れとともに、その他の海流循環系をも止めてしまう。したがって、北欧が特に寒くなり、熱帯は過熱化する。こうした個々の影響とは独立して、「気候に関する諸過程やフィードバックに関連した時間スケールのため、たとえ温室効果ガス濃度が安定化し［さらに劇的に削減され］たとしても、数世紀にわたって人為起源の温暖化や海面水位上昇が続く」こと

になる。気候変動は、深刻な地球規模の問題なのである。

3　排出量取引制度

　1980年代末、地球の気候が今世紀中のどの期間よりも温暖であることは広く認知されていた。温室効果理論は公開の議論から生まれ、国連環境計画(UNEP: United Nations Environment Programme)および世界気象機関(WMO: World Meteorological Organization)によって気候変動に関する政府間パネル(IPCC: Intergovernmental Panel on Climate Change)が創設された。[14] 1992年の国連環境開発会議(地球サミット)はブラジルのリオ・デ・ジャネイロで開催され、気候変動枠組条約(FCCC: Framework Convention on Climate Change)等諸条約の合意を生んだ。気候変動枠組条約第2条は、「気候系に対して危険な人為的干渉を及ぼすこととならない水準において」大気中の温室効果ガスの濃度を安定化させることを、その目的として掲げている。[15] 1995年にFCCCの締約国がドイツのベルリンに集まり、排出量の具体的な目標と枠組みを決定した。1997年12月には日本の京都で京都議定書(Kyoto Protocol)が採択され、その7年後、2005年2月に同議定書が発効することとなった。

　京都議定書は、先進国に対する温室効果ガスの排出数値目標の割当てと、最も重要な温室効果ガスに関する排出量取引の枠組みという、二つの事項を設定した。排出量取引により、排出枠に余裕—排出枠内だが「未使用な」排出量—がある締約国は、この余剰排出枠を、目標を超過している締約国に売却することが可能となった。すなわち、排出量の削減という形で新たな商品が誕生したのである。排出量取引スキームは、国家レベルあるいは地域レベルで設定することができる。国家または地域のすべての排出枠は京都議定書により制定される。

　同議定書は、2013年までに、191ヵ国と欧州連合(EU)が調印・批准した。米国は批准しておらず、カナダは2011年に条約から脱退した。ほとんどの途上国は、締約国ではあるものの、温室効果ガスの排出削減枠に拘束されない。その他の国は、二つの約束期間について合意に至った。第一約束期間は、2008〜

2012年の間の排出量に適用された。排出量を1990年の水準から5.2%削減するという目標は達成されなかった。それどころか、2000年以降（旧ソビエト連邦や東欧地域における、いわゆる「失われた10年」以後）、CO_2の排出量は再び増加速度を上げてさえいる。この要因となったのは、特に中国やその他のBRIC諸国の経済成長だった。[16] メタン濃度も、おそらく過去20年間上昇速度はやや鈍化したのであろうが、1990年から2013年にかけて着実に上昇している。グローバルな人為起源のメタン排出は、2020年までに15%増加すると予測されている。[17]

　第二約束期間は、2013〜2020年の間の排出量に適用される。この制度は、およそ包括的なものではない。第二約束期間で法的拘束力のある数値目標を割り当てられた国は、EU加盟国、その他の若干の欧州諸国、そしてオーストラリアとカザフスタンのみである。これらの国の多くは、2020年までに、1990年の排出量の80%まで削減することを公約している。[18] この第二約束期間の問題点は、2005年から2012年の間に、いくつもの国で目標値を上回る排出量の削減が達成され、割当排出量に達成余剰分が発生したことである。これは主に、2008年を機に始まったグローバルな不況により、工業生産高が下落したことによって生じた。これらの達成余剰分が第二約束期間に繰り越されるならば、余剰分だけ各国の排出量増加が認められることになるため、全体のプロセスが実質的に無意味になってしまう恐れがある。[19] しかしながら、改訂"3.7ter"項により、これらの余剰排出枠は2015年までに取り消されることとなった。[20] したがって、第二約束期間においても一定の新たな削減が見込めるようになったが、依然として、これはEUおよびその他一部の国のみにかかわる規定であった。

　EUの域内排出量取引制度（ETS: Emission Trading Scheme）は2005年、京都議定書が適用される直前に運用が開始された。フェーズⅢ（2013〜2020）への移行により、少なくとも［京都議定書よりは］より多くのアクターやセクター、そしてガス種が含まれていることから、EU-ETSの方がより包括的な枠組みとなってきている（当初は、欧州におけるCO_2排出量のみに対するキャップだった）。2013年、EUの全27加盟国にクロアチア、アイスランド、ノルウェー、リヒテンシュタインを足した実に31ヵ国で、1万1000に及ぶ工場、発電所、その他施設がEU-ETSの対象となっている。キャップ・アンド・トレード方式では、参

加する工場等の施設が排出可能な温室効果ガスの量にキャップ（上限）が設けられる。

　フェーズⅢは、排出枠を自由に割り当てずにその大半をオークションにかけること、残りの割当量については規則の調整を行うこと、そして亜酸化窒素ガス（NO）、パーフルオロカーボン（perfluorocarbons）等その他の温室効果ガスも含めることといった仕組みとなっている。欧州委員会は、「各国の互換性のある制度とETSをリンクすることでグローバルな炭素取引市場の基礎を築くこと」を目指している。[21] このスキームも、EU域内の温室効果ガスの約半分をカバーできるが、余剰の排出枠が容易かつ広範囲に生じてしまうことを防ぎきれていない。2013年4月16日、欧州議会は、温室効果ガスの排出量価格を上昇させることを意図して、市場から一定数の認証を除外する提案を否決した。排出枠の市場価値はほとんどゼロに近づいている。[22] これは、EU-ETSスキームの実効性をも妨げる。すなわち、全体として、FCCCは排出量の削減には役立っていないということである。

4　キャップ・アンド・トレード制度と炭素税の是非

　既存のキャップ・アンド・トレード制度は実効性が低いが、この制度の普遍性を高め、キャップを徐々に、時間をかけて下げていくことはできる。ただし、ゆるやかな制度の改善では、問題は解決されない。仮に京都議定書における数値目標の達成が常に履行されたとしても、その効果は議定書がない場合よりも摂氏0.1〜0.2度ほど、地球温暖化が弱まる程度なのである。ただし、より低いキャップとより普遍的な排出枠を定めることができれば、これを摂氏0.5度あたりまで伸ばすことは可能となるだろう。[23]

　国際エネルギー機関（IEA: International Energy Agency）は、2011年9月に発表した「世界エネルギー展望（World Energy Outlook）」報告書において、地球温暖化を軽減するいくつかの新たな政策が盛り込まれたメインシナリオを実施する前提で、2010〜2035年の間に、世界のエネルギー需要は三分の一上昇し、エネルギーに関連するCO_2排出量は20％増加すると警告している。これは地球の

平均気温の上昇が長期的に摂氏3.5度を超えることと合致する。問題は、摂氏3.5度以上の急激な温度上昇は、それだけで地球温暖化の壊滅的で制御のきかないプロセスの引き金となるのに十分であるということである。この予測が妥当なものであると仮定すると、京都議定書は明らかに、問題に対する有効な解とはならない。[24]

原理的には、キャップを速やかにかなり低いレベルにまで抑えることは可能だ。だが問題は、より効果的な制度上の対応が可能か否かである。キャップ・アンド・トレード制度は、①環境経済学的視点、②市場に対する倫理的あるいはその他の規制の視点、③グローバルなケインズ政治経済学的視点等、いくつかの視点から批判することができる。

環境経済学的には、市場ベースの解決策が望ましい。主流派の経済学者からすれば、課税と排出量取引制度の間に最も妥当な選択肢が見出だされるであろう。直接的な禁止や、取引なしの数値目標、あるいはその他の「指揮統制」システムに比べれば、いずれも望ましいとみられるからである。[25] 経済学の枠組みでは、地球温暖化は、土地利用や工業化のプロセス、発熱システムや交通に起因する負の外部性として概念整理される。外部性とはすなわち、それらを生じさせているアクターに対してはコストを（十分には）生じさせないが、社会全体については影響を生じさせるものをいう。負の外部性は市場の失敗を意味し、社会全体に負担を負わせる。この観点から見た明白な解決策は、生産者（および消費者）に対し、外部不経済を内部化し、適正価格を負担するよう強制することである。1国内では、政府は、生産者と消費者のいずれに対しても排出量に応じた課税を行うか、数量が限定された取引可能な汚染証明書を配布することができる。これらの手法は、後者が排出の直接の要因である者に対してのみ金銭的負荷をかけるという点が違うだけで、基本的には同じである。この負荷の存在が、外部性の発生を抑えるインセンティブを創造する。

経済学の用語では、気候変動で生じるリスクは、「非競合的 (non-rival)」、かつ、「非排除的 (non-excludable)」なものとして表現される。気候変動により生じる高い負荷を伴う結果を低減することは、したがって公益であるといえるのだ。しかし、この負の外部性のグローバルな性質が問題を生む。それは、徴税

したり、証明書を発行したりする「政府」という存在が不在だということだ。このような状況では、各国において、ただ乗りによって自らは公共財の便益を貪りながらも、他国に負担を負わせたいという誘惑が生じる。この問題はさらに、①地球温暖化の負荷は将来的に発生するものであり、②その影響は不均等に配分され、また不確か（未だに議論の対象）であることから、さらに複雑になる[26]。生産費用の増大は企業の競争力に影響を及ぼし、結果的に国家の経常勘定に影響し、その経済力や政策実現の余裕を削ぐことになりかねない。これらの理由により、地球温暖化は「コモンズの悲劇」と呼ばれる状況に陥る[27]。

　共同行動の問題は暫し横に置いておくとして、大事な問いは、課税と排出量取引のどちらが望ましいか、ということである。環境経済学の観点からは、これらはいずれも、同じ目標を達成するために有効な手段として成立し得る。排出量の削減は、いずれの手法によっても達成が可能だからである。それでもなお、両者には多くの違いがある。キャップ・アンド・トレード制度は、その実施に伴う環境的便益が確実であるという評価が一般的である。すなわち、同制度は「便益の確実性」を保障するものである。その一方で、キャップを達成するために生じる経済的な負荷や個々の汚染発生者に対する負荷の配慮なしに固定のキャップを設けるものであるため、同制度は「コストの確実性」が欠けているともいえるのである（Avi-Yonah & Uhlmann 2009：36）。「便益の確実性」が利点を確保するものに足るかどうかは、その政策が、事前の固定された排出量目標を掲げているのか、それとも、少なくとも妥当性のある安全水準が達成されるまで、排出量削減の最大化を目標にするのかによる。さらにいえば、京都議定書の中でのキャップ・アンド・トレード制度は、「便益の"不"確実性」に確実に直面することと相成った。不均等な経済成長や景気循環、そして多種多様な経済危機を考慮すると、的確な排出枠というものを設定することがいかに難儀なことであるかがわかる。

　課税とキャップ・アンド・トレード制度の実質的違いは、分配の側面、簡便さと関連する管理・取扱いコスト、有効な適用範囲、および動態的効果など多岐にわたる[28]。第一に、民間の企業や産業に対するキャップ・アンド・トレード制度の負荷は低い。この差異は、排出枠が通常の割当方式ではなく、オーク

ションの対象とされるとさらに縮まる。ではコインの裏側はというと、課税は、公共目的での使用が可能な大量の税収を確保できる。第二に、炭素税は比較的単純な仕組みなので、短い条文で規定することができる。その一方で、キャップ・アンド・トレード制度に関する提案は複雑で、概説するにも十数倍の頁数が必要となる。キャップ・アンド・トレード認証やその取引システム—行政的に創出された市場—を確立するには、難解な技術的課題を乗り越えなければならない(たとえば、どのようにして排出枠を作りこれを配分するか等)。したがって、高い管理コストが生じることになる (Avi-Yonah & Uhlmann 2009 : 37-40)。また、取引可能な排出枠の制度というものは、トレーダー探し、交渉、承認、保険等、アクター自体に対して高い取扱いコストを要求するものとなる。[29]

第三に、キャップ・アンド・トレード制度は、民間企業や国家間でしか実施できない。これに比べ、課税はより広範な効果をもたらす。たとえば、炭素税は、ガソリンから家庭内暖房用のオイル、そして航空燃料に至るまで、すべての炭素ベースの燃料消費に適用される。したがって、温室効果ガスの適用範囲もより広く、排出元の異なるさまざまな発生源を包括的に網羅することになる。最後に、これも重要なことだが、課税のもう一つの利点は、排出量を削減し続ける恒久的なインセンティブを創出することにある。キャップは排出の削減量を希望する枠に固定する。これは、妥協やロビーイングによって生じる典型的な結果だ。個々の企業は、排出量を削減し排出枠を売買することで一定の利益をあげることができるかもしれないが、たとえばグローバルな経済の失速などの理由により、排出枠に対する固定された削減目標が容易に達成可能となった場合、認証の価値は大幅に下落することが想定できる。

5　課税の利点——倫理的、およびグローバル・ケインズ主義的見地からの考察

排出税は、①簡便さ及び関連する管理・取扱いコスト、②有効な適用範囲、③動態的効果の点で、キャップ・アンド・トレード制度よりも効果的であると見られる。さらに、この二つの制度には、倫理的・政治的観点で決定的な違いがある。排出枠の割当にかかわる政治状況次第では、キャップ・アンド・ト

レード制度に参加する各国や企業は、余剰の温室効果ガス排出枠を売却することで（労せずして）利益を得ることができる。すなわち、キャップ・アンド・トレード制度は、初期の計測評価においてより汚染を増やしておくという悪いインセンティブを生み出し、さらにこの排出枠を極限まで増やすためにロビーイングを行う（偶然性を装う等）というインセンティブが付随する。[30] これはいずれも、現在、排出枠認証が過剰に存在し、かつ、排出枠の価格が下落していることの説明になる。

　キャップ・アンド・トレード制度には、もう一つ、認証にかかわるさまざまな金融派生商品（デリバティブ）の取引に繋がるという側面がある。これは、一般の金融投機のように、迅速な利益の追求を促し、短期的な視点を強める。[31] すなわち、汚染排出枠の二次市場においては、環境保全上の持続可能性は二次的な検討事項に成り下がる。重要なのは、（迅速な）資金の流れである。このような傾向を考慮すると、利益重視の排出量取引があからさまな汚職や腐敗に直結することは疑いない。詐欺や贈収賄、職権の濫用その他の通常の腐敗の形態を除き、「このセクターにおける腐敗は、「悪しき科学」や科学的不確実性の利益目的での戦略的悪用、温室効果ガス市場価格の操作、システムに反する投機等、より新奇な形をとる」。[32]

　こうした最も基本的なレベルにおける排出量取引の倫理上の問題は、環境に対する将来のグローバルな協調の枠組みに必要な犠牲を共有する感覚の醸成を損なう一方で、自然を道具として扱う無機的な姿勢を助長する傾向があることだ（Sandel 2012：75）。規範や道徳にかかわらない制度は、得てして失敗する傾向にある。自然に対する配慮、長期的な時間的展望、犠牲を共有するという倫理観は、グローバルな気候変動レジームの目的を達成するために必要不可欠なのである。[33] キャップ・アンド・トレード制度が短期的な利益確保を重視する姿勢を助長し、腐敗に陥りやすい以上、この制度は目的に適さない。また、市場は、過剰な温室効果ガスの排出を抑制するという個人の義務を、外部にアウトソーシングすることを可能にする。もし富裕層がこの義務を売却し、汚染する権利を合法的に獲得できるのであれば、気候変動ガヴァナンスの根幹が崩れてしまう。自然は富裕層にとってのゴミ捨て場だという、逆効果の態度を強化す

るからである (Sandel 2012 : 76)。

　(環境) 経済学と呼ばれるものは、その根底に矛盾を孕んでいる。安定した気候をグローバル公共財と見ることを支持する主張や、キャップ・アンド・トレード制度と排出税の選択肢の間で最適化を図る主張は、いずれも、優れた、機能性の高い共同の制度を公平無私な立場で設計するという、倫理的・政治的な観点を前提としている。しかしこの前提は、すべてのアクターを原子論的で、自己本位的で、効用の最大化を目指す自動機械とみなす理論によって、実質的に否定されうる[34]。それだけではない。こうした功利主義的で自己利益の最大化のみを目的とする新古典派経済学的な観点は、社会的慣行の再生産にも影響を及ぼす。すなわち「新古典派経済学は、地球温暖化を軽減するために挑戦しなければならない、コンシューマリズムや私利私欲といった価値観を維持継続させる役割を果たす」のだ (Hodgson 2013 : 198)。往々にして経済学者は、義務や道徳といった倫理性を、選択的な機能として捉えることがある。しかし、こうした考え方が、倫理的・政治的な課題をその固有の意味から乖離させ、経済の自己矛盾を増幅させる結果を導いている。

　グローバル・ケインズ主義的アプローチは、従来の環境経済学に比較すると、倫理的・政治的考察においてはより親和性が高い。ケインズ経済理論の全体論的解釈によれば、経済発展、とりわけ有効な総需要の形成は、すべてのアクターおよび国家の観点から同時に観察される[35]。ある行動がなされる状況が全体を構成し、この全体の中で各パーツが相互に依存し合うという形をとるわけである[36]。この観点を方法論的に適用することが、グローバル・ケインズ理論のまさに基礎となっている。ケインズ経済理論は、コスモポリタンな倫理観に拠って立つ。一般化された倫理が成立するには、異なるアクターおよびそれぞれの固有だが絡み合った関心や利害を超えて、十分な普遍化がなされることが求められる。この普遍化の原理にはさまざまな見解があるが、その目的は、人種、ジェンダー、年齢、国籍、世界観、あるいは現在の状況にかかわらず、すべての当事者にとって受け容れることのできる規範を確立することにある[37]。有効な規範は、地球温暖化に対する行動のように、未来の世代への影響を考慮できるもの、あるいは考慮しなければならないものである[38]。

「グローバル・ケインズ主義」という言葉は、1980年代初期に文献に登場し始めた。1980年に発表された「ブラント・レポート」の批評が主にそのきっかけとなった。ケインズの信奉者らは、いちはやく、この言葉を採用し始めた(Mead 1989：385-468)。ブラント・レポートは、来るべき新千年期における世界文明の概念を発展させ、新たな国際的・地球規模的な経済システムを提唱した。ブラント・レポートの核となったのが、化石燃料から再生可能なエネルギーへ移行するのが急務だとするテーマだった。

　化石燃料には限りがあり、その排出は「壊滅的な結果を引き起こす可能性のある気候変動を生じさせうる」とされる(Independent Commission on International Development Issues 1980：114)。基本にある倫理的原則は、「生物圏は私たちの共有財産であり、協力によってこれを保全しなければならない」というものであった(Independent Commission on International Development Issues 1980：73)。したがって、ブラント・レポートでは、次のような勧告がなされた。「大気圏及びその他の*地球公共財*(グローバル・コモンズ)の国際的管理のために、そして不可逆的な環境破壊をくいとめるために、すべての国が緊急に協力し合わなければならない」と。ある行動がなされる状況が全体を構成し、この全体の中で各パーツが相互に依存し合うという、ケインズ理論上の基本概念を共有するブラント・レポートは、このような形の協力は、全地球規模、とりわけグローバル・サウスの最貧国地域での公平な経済発展を実現する可能性と密接な関わりを持つと考えている。

　グローバル・ケインズ主義の観点からは、課税の分配効果が特に重要視される。課税、特にグローバル・タックスは、気候の安定のような惑星規模の公益実現のための収入を確保する手段となり得る。すなわち、グローバル・タックスおよびその資金は、地球規模の持続可能な開発を実現するために、必要不可欠となる。現在の国連システム全体で運用可能な資金は実に微々たるものであり(国連の2012〜2013年度予算はたったの51.5億ドル)、世界経済全体の発展に何ら大きな影響を及ぼすことはない。グローバル・タックスとその税収は、地球規模の経済活動を適切に制御し、規制するために利用できる。グローバル・ケインズ主義の基本理念は、ポスト化石燃料経済への移行を促進し、より持続可能

で公平な社会の実現に向けて、経済成長の方向性、構成、分配、そして速度を形づくるのである。[41]

6 地球炭素税の実現性に関する倫理的・政治的考察

　政治的実現性の問題は、決定的に重要である。地球炭素税の創設のような改革提案は、政治的支持と変革の可能性の現実的な分析に基づかなければならない。実際、現在のスキームがキャップ・アンド・トレード制であって課税制度でないのは、政治的理由によるものである。かつて一躍キャップ・アンド・トレード制の第一人者となった米ハーバード大学のロバート・N・スタヴィンス（Robert N. Stavins）は、自身の初期の立場により米国内で現実政治に降伏する寸前になったことがあったと漏らしている。民間企業や業界団体、そしてその代弁者たちは、特に排出枠が無償で付与されるならばキャップ・アンド・トレード制に反対することはあまりない。キャップ・アンド・トレード制は、課税を嫌悪する根深い感情、とりわけ米国におけるそうした感情や[42]、UNFCCCや京都議定書の交渉が行われていた1980〜90年代に台頭してきた新自由主義的なイデオロギーに合致している。新自由主義とは、競争的な市場という手段を通じて、人間社会の諸問題の解決や発展を志向する考え方である[43]。排出量取引制度が意味することは、実質的な大気の私有化である。法的に明確に定義された所有権の創設により、効率的な市場と契約メカニズムが構築されるはずだった[44]。

　私有財産や競争市場に対してほとんど先天的とでもいうべき信仰心を抱く者、そしてその理由がなんであれ、この信仰に対しいかなる疑問も抱かない者は、課税よりもキャップ・アンド・トレード制を好む。キャップ・アンド・トレード制を好む傾向は、米国の主要な政治議論の場で見られてきた。そして、もちろん世界の民間企業（および官民融合系企業）も、これを支持する傾向にある。また、主要な環境団体の多くもキャップ・アンド・トレード制の支持を表明した。これは、この特定の市場ベースのアプローチが、政治的により現実的であるという判断が働いたためだ[45]。ただし、彼らの支持は、制度の実態や状況

によって左右されるようである。たとえば、グリーンピースと地球の友は、2009年夏に米連邦下院を通過した気候変動に関する法案について、大企業に対して弱腰すぎるとしてこれに対する支持を撤回した[46]。

しかし「グローバル炭素税」には、実はより一層の抵抗がある。特にそれが、「地球公共財」を統治する合理的な手法という意味合いで示されると、なおさらだ。この抵抗の根底には、地理的・歴史的背景をもって想像されるナショナリズムの存在がある。人民の主権や自決権の理念は、米国の独立戦争やフランス革命の時代から、国家主権を国民感情と結びつけてきた[47]。国家主権は私的所有権に類似しており、領域を所有物として排他的に管理する権利を持つこと意味する[48]。民主的な自決権は、国家に帰属するものと考えられ、税の設定や税収の割当（国家予算の決定等）において発揮されるものと考えられてきた。国家主義的な思考の持ち主は、グローバル・タックスにはほとんど本能的に抵抗を示す。その理由は「我々」が資源を他者と共有したくないからだ、という。すなわち、「我々」の領域において行われる活動はすべて「我々」の国家に帰属する、という考え方である。

経路依存性も、地球炭素税を提案するに当たって必ず問題となる。これまでに行ってきた制度設計や現在進行中のそれが、グローバルな気候変動レジームの改革に携わっている者にとって、慣習障壁として立ちはだかるのである（Pierson 2004：103-132）。一部の者には、キャップ・アンド・トレード制が実在するというその事実（「その制度ならすでに経験済みだ」等）があるだけで、十分に障害になり得る。より一般的にいえば、キャップ・アンド・トレード制に関する条約はすでに批准され、排出量取引のための人工的な市場が創造されており、強制であれ任意であれ、排出削減はすでになされているというわけである。これらの約定事項や、キャップ・アンド・トレード制の構築の過程で生じたさまざまな投資の結果という実態が将来にわたって続くのだから、これらはすべて、（キャップ・アンド・トレード制という）制度化が現在も進行中であることを意味しているのである。より哲学的な観点から見ると、現状の気候変動ガヴァナンスは、抽象的な線上の断片としての点ではなく、既に発生している事象に対する不確定な境界状態を示しているのである。現在の状態がいつまで続

くかは、現に生じている事象またはその脈絡に左右される。「今」は非常に長く続く可能性を孕んでいるのである（Bhaskar 1994：67-72；Patomäki 2011b：341-342）。

　改革の展望を把握する要となるのは、多くのプロセスが単に同時並行的に起きるのではなく、それぞれがさまざまな形で連合したり相互に干渉し合ったりするということを理解することである。これらのプロセスには、目標志向のアクターが行う戦略的選択が含まれるが、これに限らず他にも多くのものがかかわることになる。背景状況の変化や、予期し得なかった制度上の効果、アクターのアイデンティティや利害を構成する知識の習得、力関係の変化等、これらすべてが制度的改革を促進する大きな勢力となり得る。[49] たとえば背景状況について、人類社会を一つの総体として見る比喩的表現―「グローバル・ショッピング・モール」、「グローバル・ビレッジ」から「宇宙船地球号」まで―は、すでに十分なほどに広まっている。したがって、今日の「仮想グローバル」が、人類社会の大部分で採用され、より質の高いものへと転化される可能性はあると、期待できるのではないだろうか。なぜなら私たち人類は、この混雑した、脆弱で自己破滅的な地球という惑星において、尊厳を保ちながら生存しようとしているからだ。地球温暖化のプロセスが徐々に進行し、より明確になることは、集団的学習を行う上で重要な覚醒効果があるのかもしれない。もちろん、関連したモデル、比喩、構想、物語の進化は、明確に仮想グローバルを基盤とした倫理的・政治的アイデンティティが広く受け入れられるようになることと同様に、数百年はかからずとも、数十年はかかるプロセスとなるであろう（Patomäki & Steger 2010）。

　同様に、新自由主義の時代は、成長率の低下、不平等の増加、そして深刻な金融危機等の結果として、その終焉を迎えようとしていると考えるに足る理由もある。現代は、環境保護主義のグローバル・ケインズ主義によって置き換えられるかもしれないし、そうなる可能性は高い。しかし、それは単なる国民的社会的民主主義への復帰にはなりそうもない。特に、領域国家の範囲と競争的で自由化された世界市場で事業展開する民間資本との間の食い違いを考慮すれば、なおさらである。[50] ここで重要なのは、異なるプロセスが連合したり、相互

に干渉し合ったりしていることである。2007〜08年に始まった世界的金融危機は、金融市場、とりわけ金融派生商品に対する信用を失墜させた。これにより、さまざまな形態をとる排出量取引制度にも暗い影を落とし、疑惑を生じさせている。この教訓は、倫理的意義や実践を軽視する傾向や、投機や腐敗に向かいやすい本来的傾向を含め、キャップ・アンド・トレード制がもたらした予期せぬ制度上の影響として実証された（Bond 2012：684-701）。

　地球炭素税の実現のために、これらの動向や展望がすべて同時並行的に現実化する必要があるわけではない。主要なアクターによる優れた制度設計や戦略的な選択がなされるか否かも、重要な要素である。また最も特筆すべきことは、これらの展望がすべてではないということである。京都議定書には、排出量削減のために国内で課税するオプションがすでに用意されている。炭素税はすでに多くの国、欧州ばかりでなく世界各国で導入されている。また多くの国が、同様の課税を検討したことがあるか、または検討中であるという事実がある。排出量取引それ自体は課税を排除しないし、同様に、地球炭素税も、キャップ・アンド・トレード制に必ずしも取って代わる必要はない。これらは、相互に補完し合う制度として再設計することも可能なのである。時間の経過に従ってその実態は大きく変わるかもしれないが、制度化プロセスの最初の段階で、地球炭素税を京都議定書や1国ベースの炭素税その他の排出にかかわる税を補完するものとして捉えることは可能である。この補完性の要素により、課税は政治的に、より実現性の高いものになるはずである。

　それでも、この先10〜25年の間に、地球炭素税に関する普遍的なコンセンサスが醸成されるとはおよそ考えにくい。大気圏の私有化が気候変動レジームを受け入れる条件であると見なしているアクターたちは、ほぼ普遍性を獲得したUNFCCCの交渉を継続することができる。ただし、UNFCCCと並行して、時間の経過とともに、グローバル気候ガヴァナンスの中核的役割を担う仕組みを目指して、新しい制度化プロセスを創出することは可能である。グローバル・タックスを制度化するプロセスは、グローバル市民社会の支持のもと、有志国の連合（初期の規模は20〜30ヵ国程度）によって仕掛けることができるのではなかろうか。[51]

第 5 章　地球規模での批判的・再帰的自己制御

　グローバルな気候レジームを交渉するにあたってきわめて厄介なのが、正義の問題である（同様の正義の問題は、キャップ・アンド・トレード制でキャップや所有権の割当を行う際にも生じる）。正義は公平性と、あらゆる類似の案件について同様に取り扱うことによって成り立つ。しかしこの問題については、どのような正義の枠組みを構築すればよいのだろうか。何の公平性を問うのだろうか。[52] この問題でまず最も重要なのが、時間的な差異である。世界経済はこれまで、不均等な地理的・経済的発展によって形作られてきた。それぞれの国や地域の発展の歴史的経路は異なっていたし、現在も多様である（O'Hara 2009：223-234）。いまのところ、気候変動に最も影響を与えたのは、早期に工業化を進めた国々である。一方で、最も工業化の進んでいない地域が、気候変動に対して特に脆弱であると見られている。アジアの成長センターは、排出量のシェアを急激に伸ばしている。[53] 均一のグローバル・タックスの場合でも、各国は同様に扱われる。すなわち、エネルギー効率の高い国が優遇されることになる。これは、その他の国の開発ポテンシャルに影響を及ぼす可能性がある。それでもなお、税率が高ければ高いほど（そしてキャップが低ければ低いほど）、世代間正義がよりよい基準で実現される。[54]

　しかしながら、批判的・再帰的観点から見てみると、正義の概念が比喩的に構成されていることが認められる。正義の核心的意味は、類似の案件が同様に取り扱われ、平等な機会が保障されることである。正義の抽象的な概念は普遍的であるが、その実質や方向性はそうではない。正義には多くの基本的なモデルが存在する。正義に関する理論やイデオロギーはさまざま存在するが、多くの場合、相互に整合するモデルに基づき慎重に結論を導いている。正義に関する具体的な判断は、当該状況をそのストーリーに基づいて解釈することで成り立つ。これは往々にして、それぞれ異なる地理的・歴史的な経験や国民感情、文化的な意味に大きく左右される。[55] 正義の感情について、（比較的）相対主義的に認めること、すなわち、見解の不一致の中に多様な正当性を認めることは、正義に対する異なる理解について対話を促進するだけでなく、共通のガヴァナンスについてその民主化を追求する動機づけになる。認識論的な相対論は、実際、民主主義の主要な主張の一つである。発言の自由や、十分な公的空間の確

保により、重要な対話がなされ、参加者全員が集団的意思を形成する自由が認められなければ、どのようなコミュニティも空中分解してしまうであろう。これには、世界の政治コミュニティも含まれる (Patomäki 2006：99-120)。

「代表なくして課税なし」は、米国の独立戦争のスローガンであった。地球規模の気候ガヴァナンスの文脈では、このスローガンは、地球炭素税レジームは民主的に構築されるべきであることを意味している。国家は、超国家機関と一体となって、またその監視下において、排出税を徴収するのである。税収の大半はこの超国家機関に渡る。機関には、代替エネルギー源の開発や、気候変動の結果への適応と補償のようなさまざまな地球規模課題への対処のために、この税収を割り当てる権限が与えられる。この超国家機関「地球炭素税機関 (GGGTO: Global Greenhouse Gas Tax Organisation)」には、さらに規制権限が付与され、たとえば特定の物質やプロセスを禁止したり、中止させたりすることができる。何が公平であり正義にかなっているかという点では、①グローバル・ファンドに対する税収の分配割合、②気候の安定化、およびその他のグローバル公共財（公共財は民主的に決定される）のための資金活用、といったことが焦点となる。このレジームにおける意思決定システムには、政府、議会、グローバル市民社会が、それぞれを代表し、参加できるようにする点において、さまざまな異なる民主的原則を結合することが想定される[56]。

民主的な改訂にはオープンであるよう設計されているが、税制レジームは、少なくとも初期のフェーズでは、最も長い工業化の歴史を誇る国が地球温暖化対策の最大の負担を負うべきという原則を用いる。したがって、OECD諸国は地球炭素税の税収のおそらく7割～8割をグローバル・ファンドに支払わなければならない。最貧国である途上国は、逆に、税収の9割を自国での利用のためにプールする。その用途は定められていないが、（課税の効果を持続可能で革新的なものにするために）、公共交通、食糧助成等に割り当てることが望ましい。低位中所得国のグローバル・ファンドへの拠出割合はたとえば3割、中位中所得国は4割、高位中所得国は5割となるであろう。

7 結　論

　本章の論点は二層構造になっている。まず本章では、既存のキャップ・アンド・トレード制は、21世紀の最初の十数年でその実態が明らかになってきたように、地球温暖化問題に取り組むには不十分であると主張した。しかも、この制度は長期にわたって自己強化的性格を持つと考えられるので、今後数百年にわたってその影響が続くと予想される。排出量取引制度の普遍性を高め、キャップを低くする可能性があることは事実だが、本章では、キャップ・アンド・トレード制には内的な脆弱性があることを指摘した。他方、排出税は、①簡便さと、関連する管理・取扱いコスト、②有効な適用範囲、および③動態的効果の点で、キャップ・アンド・トレード制度よりも効果的であると考えられる。さらにグローバル・ケインズ主義の観点から見ると、課税の分配効果が特に重要視される。課税、特にグローバル・タックスは、気候の安定化等の地球公共財に資する税収の確保を可能にするのである。

　倫理的・政治的観点からも、この二つの制度には重大な違いがある。キャップ・アンド・トレード制には、倫理的な意味付けや実践が軽視される傾向があり、投機的な活動や汚職や腐敗に陥りやすいという弱点がある。自然に対する配慮、長期的な時間的展望、犠牲を共有するという倫理観は、グローバルな気候変動レジームの目的を達成するために必要不可欠である。こうした倫理的・政治的観点からは、単なるキャップ・アンド・トレード制よりも、禁止、キャップ、規則、課税を組み合わせて運用することのほうが適合的である。さらに、地球温暖化は、少なくとも一部は現在の私たちの行為とかかわりなく進行していると認められるため、地球の各所でこれに適応するのは、（きわめて）コストが高いと言わざるを得ない。したがって、気候変動に適応し、かつ、その影響を補償するために、共通の資金を蓄える必要がある。

　他方、本章の目的の一つは、グローバル・ガヴァナンスの構築と設計について一般的に言えることを明記することでもあった。グローバルな気候レジームの構築が始まって、はやくも四半世紀が過ぎている。現行の制度設計の欠点や

欠落はともかくとして、これは現存する自然の将来の姿がいかに変容するか如実に示す貴重な例である。グローバルな気候ガヴァナンスは、何十年も何百年もかかるような変化の中で、地球がホメオスタシス（生体恒常性：内部環境を制御し、温度等の性質が比較的安定した状態に保たれるように維持するというシステムの特質）を保てるよう、再帰的自己制御が働く状態の実現を目指す試みである。再帰的自己制御により、「現在」のみならず将来にわたって自然界や社会システムがどのように機能し、有効性を発揮するかに関する知識を増大させ、集団的な自己発展を遂げることが可能となる。

　しかし本章で強調したいポイントは、もう一つある。それは、現存する自然の将来の姿は、私たちの自然的・構造的制約に対する理解、価値観の問題、人類の選択の可能性によって形作られるのだから、改善は可能であるということである。[57]予想の持つ不確実性や再帰性を認めるには、単純な予測から、きたるべき将来に関する開かれた公共性のあるシナリオへの移行、そしてその長所や短所に関する開かれた公共性のある倫理的・政治的議論が必要とされる。現実的な自然のプロセスや社会構造という制約はあるものの、この惑星の未来は、ただ起こるのではなく、——それが誰であるかにかかわりなく「私たち」を含む——アクターがどうするかによって左右されるのである。

　したがって、本章におけるキャップ・アンド・トレード制に対する批判と、地球炭素税機関の提案は、人工的な市場メカニズムに頼るこれまでの準再帰的自己制御から、グローバル公共財の概念と倫理的価値に対する批判的かつ民主的理解に基づく、より完全な再帰的自己制御へと移行すべきであるという主張でもあるのである。同様の理由で、（比較的）相対主義的な正義に対する感情を認め、見解の不一致の中に多様な正当性を認めることにより、共有されたガヴァナンス制度の民主化が正当化されるのである。グローバルな制度もまた、民主的修正を受け入れる開かれたものでなければならない。

　ジェームズ・ラブロックは、1960年代から70年代にかけて、後に論争となるある仮説を立てた。それは、生命システムは複雑に相互に作用するシステムから成り立っており、長期的には、生体恒常性のフィードバックの回路により、生命にやさしい気候条件や地球上の生物化学的条件が維持されるというもので

あった (Lovelock 1972：579-580；Lovelock 1990：100-102)。しかしながら、ガイア派[地球は自己制御機構を持つ生命体とみる立場]も反ガイア派も、地球温暖化が進行するにつれ、その対応を進化させてゆくだろう。自律的なホメオスタシスなど (少なくとも10〜100年のスケールでは) 実在しないのだから (Kirchner 2002：391-408)。ホメオスタシスが実現するには、意識的、かつ、未来志向の干渉により、人類の社会経済システムをその方向に向けていく必要があるのである。

いまや私たち人類は、この惑星の将来の展望に深くかかわる存在となった。地球という惑星は、長らくその生命を維持してきた。生命にやさしい気候条件や地球上の生物化学的条件を維持することを目的に、人類の再帰的自己制御意識が徐々に高まることで、私たちはそのような認識を持つようになってきている。再帰的自己制御意識は、倫理的・政治的な学びや再帰的自己決定を行う社会的条件の改善にも繋がる可能性がある。世界の歴史の方向性を民主的な方法で共に決定することを習得するならば、それは人類社会の自由の領域が徐々に拡大することを意味するだろう。これは、宇宙的スケールで考えても、重大なプロセスかもしれない。私たち人類がいかにして気候変動に対応するか、そしてより一般的には、いかにしてこの惑星を統治する新しく、よりよい制度を創り上げるかが、実に多くのことを左右するのである。

【注】

1) 累積的で自己を強化する因果関係の概念については、Kaldor (1972)、とりわけpp.1237-1255を参照。また貿易や不均等な成長における技術格差が持つ役割に関する最近の分析については、Cimoli & Porcile (2011) pp.383-400を参照。政治における正のフィードバックの回路および自己強化的プロセスについては、Pierson (2004) を参照。またこれらのグローバルな政治経済および安全保障上の動向における役割については、Patomäki (2008)、特にch.6, pp.124-155を参照。
2) O'Neill (1996) を参照。また普遍主義と個別主義の対立に関するやや異なった解決策として、Ferraro (2008) も参考になる。
3) これら一連の問いかけは、グローバル・ガヴァナンスの民主化に関するさまざまな提案について、私たちのグループが行った評価の枠組みの一部を構成する。詳細はPatomäki & Teivainen (2004) ch.1 参照。

4) 制度に対する信頼とその政治的正当性は密接に関係している。Rothstein (1998) pp.72, 100-104, 164-165参照。
5) この点に対する理解はO'Neill (1996)における主な主張でも示されている。
6) たとえば、オゾン層を破壊する物質に関するモントリオール議定書では、排出枠の取引は不可とされている。1989年1月1日に発効したモントリオール議定書は、よく引用されるコフィ・アナン元国連事務総長の言葉を借りれば「唯一最も成功した国際協定」といえるかもしれない。ただし、オゾン層を破壊するフロンの代替として利用されるハイドロフルオロカーボン (HFC) は、超温室効果ガスといわれるほどきわめて高い地球温暖化効果を持つ。
7) 地球における人為的活動の爆発的増加およびそれに伴うグローバル・ガヴァナンス制度の進化への影響については、Camilleri & Falk (2009) を参照。議論については、Patomäki (2009a)を参照。http://prodmams.rmit.edu.au/drkxg5vxxjtn1.pdf, last visited, 3 May 2013.
8) 出発点の確率論的評価に対して新規の事象および転換がいかなる変更または修正を必要とするかを試算するにあたっては、ベイズ流統計手法を用いることが有効である。量的試算が入手できない状況、あるいは理解し難い状況では、ベイズ定理を発見的（ヒューリスティック）な評価装置として利用し、未来に関して知り得ることを明確に制限できる。Patomäki (2011a) を参照。また、Maslin (2009) ch.4も参照。
9) IPCC Fourth Assessment Report (2007) p.10. http://www.ipcc.ch/pdf/assessment-report/ar4/wg1/ar4_wg1_full_report.pdf, last visited, 14 April 2013［訳注］当該確定訳を以下より全文引用：気象庁 (2009)『IPCC第4次評価報告書第1作業部会報告書政策決定者向け要約』http://www.data.kishou.go.jp/climate/cpdinfo/ipcc/ar4/ipcc_ar4_wg1_spm_Jpn.pdf, 10頁。
10) 地球温暖化やその他の成長に対する制約により持続可能な発展ができないとする概念に関する政治の歴史—これは過去40年における最も差し迫った警告はすべてピタリと当たっていた、という強い確信に基づく—については、Kanninen (2013) 参照。
11) 予想は、次の二つの意味で外れる可能性がある。(1)行動や歴史が予想通りに形作られない可能性がある。(2)実際には起こり得ない結果に対する予想を作り上げる点において間違っている可能性がある（たとえば、「私たち（または誰か）が○をしたら、あるいは、○をしなかったら、結果△は {a, b, c} の条件によって起こり得る」等）。予想が外れることに対する評価、特に(2)のケースの場合は複雑で、かつ解釈に依存する。これは、予測や予想を行う者が条件依存型で、かつ、確率依存型である場合に特にいえることである。たとえば、過去の環境至上主義者らの予測したシナリオにおける最悪の事態ばかりを想定した警告が、実際に未来を自己否定的に形作ったかどうかの議論については、Cole (2005) pp.79-80, Dator (2005) pp.83-86を参照。
12) これらの効果は、基本的に、とりわけプロセスの初期の段階で、安定化を促すガイア的な負のフィードバック回路または自己強化的な正のフィードバック回路が支配的であるか否かによって左右される。数百年から数千年、あるいは数万年の間に、地球は新たな均

衡を確立するかもしれないが—地質時代尺度でいえばほんの瞬きをする間だが—、この再均衡化を実現するプロセスには多大な負荷がかかり、人類社会の時間の概念からいえばあまりにも長大すぎる。摂氏5度から6度までの上昇を予測するシナリオは劇的であり、ほとんどの生物と人類の死滅を意味する。Lynas (2008) pp.193-240を参照。

13) IPCC (2007) p.17.［訳注］当該確訳を以下より全文引用：気象庁 (2009)『IPCC第4次評価報告書第1作業部会報告書政策決定者向け要約』http://www.data.kishou.go.jp/climate/cpdinfo/ipcc/ar4/ipcc_ar4_wg1_spm_Jpn.pdf、16頁。

14) 気候学の発展が90年代の一連の政治的行動に帰結するまでの経過を綴った簡潔明瞭なサマリーについては、Maslin (2009) ch.2, pp.23-40, Flannery (2005) ch 24, pp.222-231 を参照。

15) 条約本文は、http://unfccc.int/files/essential_background/background_publications_htmlpdf/ application/pdf/conveng.pdf から参照が可能 (last visited, 14 April 2013)。［訳注］日本語版はhttp://www.env.go.jp/earth/cop3/kaigi/jouyaku.html から参照が可能。

16) Boden *et al.* (2010) http://cdiac.ornl.gov/trends/emis/tre_glob.html, last visited, 16 April 2013; http://en.wikipedia.org/wiki/Greenhouse_gas# Cumulative_and_historical_emissions における "Greenhouse gas", last visited, 16 April 2013。

17) Global Methane Initiative (2013) http://www.globalmethane.org/documents/analysis_fs_en.pdf, last visited, 16 April 2013; "Atmospheric methane" http://en.wikipedia.org/wiki/Atmospheric_methane, last visited, 16 April 2013.

18) United Nations Framework Convention for Climate Change (2012) http://unfccc.int/kyoto_protocol/doha_amendment/items/7362.php, last visited, 17 April 2013. 2013年春現在、この改正は京都議定書締約国の承認を待つものとなっている。

19) Marshall (2012) http://www.newscientist.com/article/dn22596-kyoto-protocol-gets-a-second-lease-of-life.html, last visited, 10 April 2013.

20) ICIS (2013) http://www.icis.com/heren/articles/2013/03/04/9646474/emissions/edcm/lifting-aau-restrictions-would-hurt-eru-credits---ngo.html, last visited, 18 April 2013. ちなみに、"3.7ter" とは、京都議定書ドーハ修正第3条7-3節を意味している。

21) The European Commission (2013) http://ec.europa.eu/clima/policies/ets/index_en.htm, last visited, 17 April 2013.

22) 排出量1トン当たりのカーボンクレジットは30ユーロから3ユーロにまで下落した (Gammelin 2013)。http://www.other-news.info/2013/04/a-free-market-for-co2, last visited, 19 April 2013.

23) これらの数値は概算であり、またやや旧いデータに基づいているが、重要なのは起こり得る温暖化効果に対する影響の度合いである。全シナリオにおいて、京都議定書がもたらす長期的結果は微々たるものである (Wigley 1998：2285-88)。

24) 報告書は、新たな政策を打ち出さないままでは、世界の平均気温は摂氏6度以上に上昇する危険な路線に入る可能性があると警告する。グローバルな経済成長率が鈍化した

としても、エネルギーや気候に関する長期的な傾向には微々たる、あるいはきわめて少ない影響しか及ぼし得ない（International Energy Agency 2011）。エグゼクティブ・サマリーは http://www.worldenergyoutlook.org/publications/weo-2011/ より取得（last visited, 30 April 2013）。

25) 汚染問題を外部性の概念で捉える思考枠組みを最初に編み出したのは、アーサー・ピグー（Arthur C. Pigou）だった（Pigou 1920）。ピグーは、社会的な限界コストが私的な限界利益を超えると、負荷の生産者は製品を過剰生産するようになると主張した。これを是正するのが税による差異の相殺である（ピグーは他の政策的手段を適用する余地も残していた）。この「汚染権」の市場を確立するという考え方は、（1960〜70年代の学術的議論の過程を経て）1970年代末以降に米国で、他の国でも1980年代以降に現れた。Turner *et al.*（1993）chs.12-13, pp.166-189; Bohm & Russell（1997）pp.55-59; Bertram（1997）pp.424-425参照。

26) 地球温暖化に真剣に取り組む—圧倒的多数の—科学者たちは、正確に思える彼らの予測もケインズ経済学的見地からは「不確定」なものとして捉えられざるを得ないことを認めている。すなわち、結果の蓋然性と、結果を示唆すべき未知の、そしておそらくは不可知な情報との間に、入り組んだ関係が成り立っているということである。Adam（2010）を参照。 http://www.guardian.co.uk/environment/2010/feb/21/sea-level-geoscience-retract-siddall, last visited, 28 April 2013.

27) Hardin（1968）pp.1243-1248. ハーディンの有名な分析や考え方にもかかわらず、コモンズ（公共財）は、政府の規制が不在であっても、長期にわたり、持続可能な手法により統治され得るし、しばしば統治されている。Ostrom（1990）を参照。

28) 関連する文献では、市場ベースの（および他の）代替的な制度構築にあたって、コストと便益を分類するさまざまな手法が紹介されている。たとえば、Bohm & Russell（1997）pp.52-55では、1）静学的効率性、2）情報の強度、3）監視と執行の容易さ、4）経済的変化に適応する柔軟性、5）動学的インセンティブ、そして6）倫理的・政治的考慮を分けて捉えている。

29) EU-ETS下におけるドイツ企業の取引コストに関する実証的評価については、Heindl（2012）を参照。

30) この点については、リーズ大学のジェイミー・モーガン（Jamie Morgan）氏に感謝する。

31) この投機の概念はケインズに由来する。ケインズは、資本主義市場経済における投資活動と利潤形成の二つの方法、事業投資と投機とを区別した。事業投資とは、「資産が耐用期間を超えて利益を生む見込みを予測する活動」である。他方、投機とは、「市場の心理を予測する活動」のことである。ケインズは、「投資市場の整備が進むにつれ、投機が優勢となるリスクは強まる」と論じた。また1920〜30年代の独自の経験から、ケインズは例えとして、「ニューヨークでは、投機の影響は凄まじい」と主張していた。これは、流動性のある投資—買いだめや貸し出し—が、少なくとも短期的には、長期的で生産的な投資よりも利益率が高いことに起因する。またケインズは、これは投資を流

動的に行うことに向けて「投資市場が整備されたがゆえに生じる必然的結果である」と主張した (Keynes 1961：155-158)。
32) UNEP (2013) http://www.unep.org/pdf/UNEP-GEAS_MARCH_2013.pdf, last visited, 22 April 2013.
33) ここで筆者が強調しているのは、十分に正当化された規範や正方向の道徳のことであり、汚染や反環境的な姿勢を非難する必要性ではない。しかしやはり課税は、汚染は悪であるという明確なメッセージを伝えるばかりでなく、よくいわれるように、汚染は自然や他の個人に対する罪であるという、より強烈な意識をも醸成する。
34) この主張は、経済アクターを純粋な自動機械とみなすのでなく、オーストリア学派の経済学者フリードリヒ・ハイエクのように、彼らの知識や社会の複雑性が付加される場合にも変わらない。Arnsperger (2008) 特にpp.74-81, 258-266を参照。
35) 有効な総需要は、常に変化する実質的潜在生産力に応じて定義される。近代科学や近代工学を味方に、現代の資本主義市場社会は常に、人間の知識や作業を変革する新たな力を生み出す。これには、実際の固定投資により建設される施設等が含まれる。ただし、その運用計画の展望は長期間に及ぶ場合が多い。モノやサービスに対する有効需要を十分な水準に確保する仕組みがなければ、これらの動きは余剰生産力と失業に繋がってしまう。21世紀における主要な課題は、自然発生的な経済成長への要請と、社会的・環境的な持続可能性とを、いかにして調和させるかにある。
36) この視点は、1919年のヴェルサイユ条約に対するケインズの有名な論争にも顕著に見られた。有効需要や乗数効果といった概念を練り上げ、『雇用・利子及び貨幣の一般理論』を書き上げる実に15年も前のことであった。ケインズの軸となる経済理論は、欧州の政治経済が相互依存によって成り立っているということであった。第一次世界大戦は欧州域内の内戦であり、域内のどの国も、他の国の経済を壊滅させることに利点は見出せない戦争だった。Keynes (1920) http://openlibrary.org/books/OL7081304M/The_economic_consequences_of_the_Peace, last visited, 26 April 2013.
37) 「己の欲せざるところ、他に施すことなかれ」という黄金律は、世界の宗教や哲学の中から生まれ、キリスト教はもちろん、儒教においても共有されている。イマヌエル・カント (Immanuel Kant) の定言命法は極限の普遍性をその基礎としている (主な定式には、「同時に普遍的法則となることを意志しうるような格率に従ってのみ行為せよ」や、「君の人格および他の人格の内なる人間性を、単に手段としてのみではなく、常に同時に目的として扱うよう行為せよ」がある)。カント以降に論じられた普遍性原理は、自己と他の差異を強調し、両者の間で民主的な対話が必要であると説くものであった。これは、ユルゲン・ハーバーマス (Jürgen Habermas) の「規範の妥当性は、すべての関与者が、実践的討議への参加者として、その妥当性についての了解を求める (ないしは、求めるであろう) 場合にのみ成立する」という考え方にも見られる。討議倫理学へと繋がる論証については、Habermas (1990) を参照。この引用はp.197からのもの。
38) 空間的および時間的距離は、倫理的考察を行う上で、適当な適用範囲について類似の課題を生じさせる。「距離」が接続の不可能性を意味するのであれば、あるいは、接続

が脆弱で、他の多くの条件に左右される場合、「距離」は、倫理とは無関係であることと同義となる。しかし、接続が堅牢で、その活動の影響が、地球温暖化のように、持ちこたえている自然界や社会に刷り込まれるのであれば、これらの影響は倫理的観点から考察しなければならない (O'Neill 1996：113-121)。

39) レポートを作成した委員会を率いたのが、ドイツ連邦共和国の元首相ウィリー・ブラント (Willy Brandt) であった (Independent Commission on International Development Issues 1980)。レポートのサマリーは http://www.stwr.org/special-features/the-brandt-report.htmlより取得可能 (last visited, 25 April 2013)。

40) Independent Commission on International Development Issues (1980) pp.283-284. 斜体は筆者が追加。

41) Stavins (2012) 2012年10月21日投稿。http://www.robertstavinsblog.org/2012/10/21/cap-and-trade-carbon-taxes-and-my-neighbors-lovely-lawn, last visited, 27 April 2013.

42) 1988年の大統領選挙でジョージ・H・W・ブッシュ (George H.W.Bush) は、「環境重視の大統領」となることを公約した (これは彼の先輩共和党議員のレーガン大統領に比較しても際立つ特長だった)。当時、「環境保護基金 (EDF: Environmental Defense Fund)」という名のNGOが、ブッシュ候補の公約を具体的な提案として仕上げる立場にあった。この団体は、環境問題に対する市場ベースの解決策を提案する政策提言活動のために経済学者を雇い始めていた。この話は、たとえば下記に掲載されている。Conniff (2009) http://www.smithsonianmag.com/science-nature/Presence-of-Mind-Blue-Sky-Thinking.html?c=y&page=1, last visited, 28 April 2013。

43) 新自由主義やケインズ主義については、Patomäki (2009b) pp.431-442を参照。

44) 経済学理論において、環境問題への解決策として私有化を考えるという構想は、ロナルド・コース (Ronald Coase) およびシカゴ学派に由来する。先験的な閉鎖システムにおけるミクロ経済学的な理由付けに基づく古典的な主張については、Coase (1960) pp.1-44を参照。批判的な議論、とりわけ京都議定書の文脈における議論については、Hepburn (2007) pp.375–393を参照。http://www.annualreviews.org/toc/energy/32/1, last visited, 25 April 2013.

45) たとえば、グリーンピースとWWFの合同報告書では、「気候変動に関する野心的意思を高める」とは書かれていても、「課税」については一言も書かれていない。Greenpeace/WWF (2012), http://www.greenpeace.org/eu-unit/Global/eu-unit/reports-briefings/2012%20pubs/Pubs%202%20Apr-Jun/Strengthening%20the%20EU%20ETS%20and %20Raising%20Climate%20Ambition.pdf, last visited, 28 April 2013.

46) Greenpeace (2009), http://www.greenpeace.org/usa/en/media-center/news-releases/greenpeace-opposes-waxman-mark/, last visited 28 April 2013.

47) 二つの革命はいずれも、普遍主義的な倫理的・政治的思想や原理を信奉した。だが18・19世紀の―国家間の戦争が行われる―状況下における「人民」とは所詮、実際には国家の市民を意味することに他ならなかった。21世紀におけるアイデンティティやコミュニティを再構成する物質的条件は、これらの時代とは全く異なる。出版資本主義

や、馬や、帆船に代わり、私たちの時代にはインターネット資本主義があり、ジェット機があり、衛星ベースの通信や運行管理システムが存在する。Patomäki & Steger (2010) pp.1056-1063を参照。
48) 私的所有権と国家主権のアナロジーについては、Patomäki (2002) pp.26-28を参照。
49) Pierson (2004) p.134よりピアソンのリストを強化・改訂した。
50) 2008〜09年の世界的な金融危機（その後ユーロ危機として継続中）が大幅な観念的な転換に結びついたかについては、以下の2種類の異なる考察がある。Nesvetailova & Palan (2010) pp.797-825; Castree (2010) pp.185-213。筆者独自のシナリオでは、新自由主義的な制度化の自己強化的なプロセスを逆行させるには時間がかかることを基本的に想定している。2010年代初期にすでに転換の微弱な兆候が観測された。しかし、2007〜08年に始まった金融・経済危機よりもはるかに深刻な破局が生じた時にのみ、政策の大転換は可能であり、また起こり得るであろう。Patomäki (2008) chs.7-9, pp.156-224; Patomäki (2009b) pp.440-442; Patomäki (2013) chs.6-8, pp.104-193を参照。
51) この点では、国際刑事裁判所 (ICC: International Criminal Court) の設置に至った過程が、啓発的なモデルとなるであろう。「グローバル通貨取引税に関する条約案」は、このモデルをベースにしている。この条約は、最低で30ヵ国が署名及び批准した時点で発効する。ただし、さらなる発効要件がある。国家ベースの活動を集約した数値を元に試算すると、これらの締約国は、世界の通貨市場の少なくとも20%を占める規模でなければならない。これと類似したものが、地球炭素税にも求められる。Patomäki & Denys (2002)を参照、http://www.nigd.org/ctt より取得。Schutter & Pas (2004) pp.185-203 で出版されている。国際刑事裁判所、およびその他のグローバル・ガヴァナンスの新しい制度に関する理念を育て、これを推進・発展させるに当たって市民社会が果たす重要な役割の考察については、Willets (2011) pp.69, 132-162参照。
52) さまざまな異なる視点については、以下の一連の文献を参照。Vanderheiden (2008); Posner & Sunstein (2008) pp.1565-1612; Baer et al. (2009) pp.1121-1138; Angus (2009); and Posner & Weisbach (2010)。
53) これらの問題は京都議定書に関する議論の核心となった。米国でもそうであった。たとえば、米国連邦議会における1997年7月のバード・ヘーゲル (Byrd-Hagel) 決議は、OECD諸国における温室効果ガスの排出量の制限あるいは削減を求める新たな約定を定めるいかなる議定書についても、米国は加盟しないと定めた。その例外として、同決議は、かかる議定書あるいは協定が、同じ約束期間の間に途上国に対しても排出量の制限あるいは削減を求める新たな約定を定めることを求めた。すなわち、この決議は、これまで大量に排出してきた先進国に対してこそ、残りの排出枠のほとんどを割り当てるべきであり、大気にCO_2を排出する権利を認められるべきとするものだった。当然ながら、この内容はほとんどの途上国によって受け入れがたいものだった。バード・ヘーゲル決議は、以下で入手可能。http://www.nationalcenter.org/KyotoSenate.html, last visited, 2 May 2013. 議論については、Kolbert (2007) pp.150-172参照。
54) 世代間正義に関するやや複雑な議論については、Welburn (2012) pp.56-65; Sen (2013)

pp.6-20参照。
55) 正義に関する概念や物語と、実際のアイデンティティや関心とは密接な関係があるとはいえ、正義に関して議論することは、規範的で理性的な判断や正当化が行われる可能性があるということである。いくつかの解釈や判断は、その整合性や一般性、そして関連する（そして比喩的に構築された）背景となる理論（存在論的、認識論的、世界史的など）と入手可能な証拠から、より妥当だと評価できるものであった。理性的な判断が働く可能性があるからこそ、対話は持続する。ただし、終局的なコンセンサスを、現実に存在する時間枠の中で実現できると見る合理的な理由は見当たらない。
56) ここで通貨取引税条約案をモデルにすると、地球炭素税機関の意思決定システムは、二つの主要な組織、すなわち、「閣僚理事会（Council of Ministers）」と「民主議会（Democratic Assembly）」から構成されると想定できる。条約案によると、閣僚理事会は、多数決で採決をとり、人口の規模に応じて１～３票の投票権が与えられる仕組みとなっている。実質的な事項については、「当事者会議（Contracting Parties）」で３分の２以上の票で決める。その他の検討事項については、参加している「当事国（Contracting States）」で単純多数決により決める。議会は固有の権限が与えられ、理事会を監督する。また、通貨取引税あるいはグローバル・ファンドの利用にかかわるあらゆる事項について議案を提出する完全な権限を有する。さらに、通貨取引税機関の予算について、理事会により提出された案を議決する権限を有する。議会による承認後、理事会はその執行について議会の決めた枠組みに従って意思決定を行う。議会は、政府、民主的に選出された国会議員、定められたリストからスクリーニングされ抽選で選出される市民社会団体のそれぞれの代表によって構成される。政府代表は１国１名分の議席が与えられる。民主的に選出された国会議員代表は、人口の規模によって１名から５名分の議席が与えられる。そして市民社会代表は、政府代表と国会議員代表を合わせた議席の４分の３の議席が与えられる。Patomäki & Denys（2002）参照。
57) Alker（1996）pp.269-270の言葉をわかりやすく言い換えると、大体このようになる。

〔参考文献〕

Adam, David (2010) "Climate Scientists Withdraw Journal Claims of Rising Sea Levels. Study Claimed in 2009 that Sea Levels Would Rise by up to 82cm by the End Of Century – But the Report's Author Now Says True Estimate is Still Unknown", *The Guardian*, 21 February 2010.

Alker, Hayward (1996) *Rediscoveries and Reformulations.Humanistic Methodologies for International Studies*, Cambridge: Cambridge University Press.

Arnsperger, Christian (2008) *Critical Political Economy.Complexity: Rationality, and the Logic of Post-Orthodox Pluralism*, London: Routledge.

Angus, Ian ed. (2009) *The Global Fight for Climate Justice-Anticapitalist Responses to Global Warming and Environmental Destruction*, London: Resistance Books.

Avi-Yonah, Reuven S. & Uhlmann, David (2009) "Combating Global Climate Change: Why a Carbon Tax Is a Better Response to Global Warming Than Cap and Trade", *Stanford Environmental Law Journal*, 28 (3).
Baer, Paul *et al.* (2009) "The Greenhouse Development Rights Framework: Drawing Attention to Inequality within Nations in the Global Climate Policy Debate", *Development and Change*, 40 (6).
Bertram, Geoffrey (1997) "Tradable Emission Permits and the Control of Greenhouse Gases", in Tietenberg, T. ed. *The Economics of Global Warming*, Cheltenham: Edward Elgar.
Bhaskar, Roy (1994) *Plato Etc. The Problems of Philosophy and Their Resolution*, London: Verso.
Boden, T.A. *et al.* (2010) *Global, Regional, and National Fossil-Fuel CO2 Emissions*, Carbon Dioxide Information Analysis Center, Oak Ridge National Laboratory, U.S. Department of Energy, Oak Ridge, Tenn., U.S.A. doi 10.3334/CDIAC/00001_V2010.
Bohm, Peter & Russell, Clifford S. (1997) "Comparative Analysis of Alternative Policy Instruments", in Bohm, P. *The Economics of Environmental Protection: Theory and Demand Revelation*, Cheltenham: Edward Elgar.
Bond, Patrick (2012) "Emissions Trading, New Enclosures and Eco-Social Contestation", *Antipode*, 44 (3).
Camilleri, Joseph A. & Falk, Jim (2009) *Worlds in Transition: Evolving Governance Across a Stressed Planet*, Cheltenham: Edward Elgar.
Castree, Noel (2010) "Crisis, Continuity and Change: Neoliberalism, the Left and the Future of Capitalism", *Antipode*, 41 (Suppl 1).
Cimoli, Mario & Porcile, Gabriel (2011) "Global Growth and International Cooperation: A Structuralist Perspective", *Cambridge Journal of Economics*, 35 (2).
Coase, Ronald H (1960) "The Problem of Social Cost", *Journal of Law and Economics*, 3 (1).
Cole, Sam (2005) "Beyond Neo-Malthusians and Cornucopians: Comment on Chenoweth and Feitelson", *Futures*, 37 (1).
Conniff, Richard (2009) "The Political History of Cap and Trade: How an Unlikely Mix of Environmentalists and Free-Market Conservatives Hammered Out the Strategy Known as Cap-And-Trade", *Smithsonian magazine*, August.
Dator, Jim (2005) "Reading history: Comment on Chenoweth and Feitelson", *Futures*, 37 (1).
Dryzek, John S. (1996) "The Informal Logic of Institutional Design" in Goodin, Robert E. ed., *The Theory of Institutional Design*, Cambridge: Cambridge University Press.
European Commission (2013) "The EU Emissions Trading System (EU ETS)" http://ec.europa.eu/clima/policies/ets/index_en.htm
Ferraro, Alexandro (2008) *The Force of the Example: Explorations in the Paradigm of*

Judgment, New York: Columbia University Press.

Flannery, Tim (2005) *The Weather Makers: Our Changing Climate and What It Means for Life on Earth,* London: Penguin Books.

Gammelin, Cerstin (2013) "A Free Market for CO2", *Süddeutsche Zeitung,* republished at Other News 17 April 2013, http://www.other-news.info/2013/04/a-free-market-for-co2/

Giddens, Anthony (1979) *Central Problems of Social Theory: Action, Structure and Contradiction in Social Analysis,* London: MacMillan.

Global Methane Initiative (2013) "Global Methane Emissions and Mitigation Opportunities" *http://www.globalmethane.org/documents/analysis_fs_en.pdf*

Goodin, Robert E. ed. (1996) *The Theory of Institutional Design,* Cambridge: Cambridge University Press.

Greenpeace (2009) "Greenpeace Opposes Waxman-Markey Climate Bill.Not Science-Based; Benefits Polluters", Media release – 25 June 2009, http://www.greenpeace.org/usa/en/mediavcenter/news-releases/greenpeace-opposes-waxman-mark/

Greenpeace/WWF (2012) *Strengthening the European Union Emissions Trading Scheme and Raising Climate Ambition.Facts: Measures and Implications,* A report prepared by Öko-Institut – Institute for Applied Ecology, Berlin Germany, http://www.greenpeace.org/eu-unit/Global/eu-unit/reports-briefings/2012%20pubs/Pubs%202%20Apr-Jun/Strengthening%20the%20EU%20ETS%20and %20Raising%20Climate%20Ambition.pdf

Habermas, Jürgen (1990) *Moral Consciousness and Communicative Action,* trans. by C. Lenhardt and S.Weber Nicholsen, Cambridge, MA: The MIT Press.

Hardin, Garrett (1968) "The Tragedy of the Commons", *Science,* New Series, 162 (3859).

Hardin, Russell (1996) "Institutional Morality" in Goodin, Robert E. ed., *The Theory of Institutional Design,* Cambridge: Cambridge University Press.

Heindl, Peter (2012) "Transaction Costs and Tradable Permits: Empirical Evidence from the EU Emissions Trading Scheme", *Discussion Paper,* No.12–021, Mannheim: ZEW (Centre for European Economic Research).

Hepburn, Cameron (2007) "Carbon Trading: A Review of the Kyoto Mechanisms", *Annual Review of Environment and Resource,* 32 (1).

Hodgson, Geoffrey M. (2013) *From Pleasure Machines to Moral Communities: An Evolutionary Economics without Homo Economicus,* Chicago: University of Chicago Press.

ICIS (2013) "Lifting AAU restrictions would hurt ERU credits – NGO", 4 Mar 2013 http://www.icis.com/heren/articles/2013/03/04/9646474/emissions/edcm/lifting-aau-restrictions-would-hurt-eru-credits---ngo.html

Independent Commission on International Development Issues (1980) *North-South: A*

Programme for Survival, London: Pan Books.

International Energy Agency (2011) *World Energy Outlook,* Paris: OECD/IEA.

IPCC Fourth Assessment Report (2007) *Climate Change 2007: The Physical Science Basis,* in Solomon, S. *et al.* Cambridge: Cambridge University Press.

Joseph, Jonathan & Wight, Colin eds. (2010) *Scientific Realism and International Relations,* London: Palgrave.

Kaldor, Nicholas (1972) "The Irrelevance of Equilibrium Economics", *Economic Journal,* 82 (328).

Kanninen, Tapio (2013) *Crisis of Global Sustainability,* London: Routledge.

Keynes, John M. (1920) *The Economic Consequences of the Peace,* New York: Harcourt, Brace and Howe.

Keynes, John M. (1961) *The General Theory of Employment, Interest and Money,* London: MacMillan.

Kirchner, James (2002) "The Gaia Hypothesis: Fact, Theory, and Wishful Thinking", *Climatic Change,* 52 (4).

Kolbert, Elizabeth (2007) *Field Notes from A Catastrophe: A Frontline Report on Climate Change,* London: Bloomsbury.

Lovelock, James E. (1972) "Gaia as seen through the atmosphere", *Atmospheric Environment,* 6 (8).

Lovelock, James E. (1990) "Hands Up for the Gaia Hypothesis", *Nature,* 344.

Lynas, Mark (2008) *Six Degrees: Our Future on a Hotter Planet,* London: Harper Perennial.

Marshall, Michael (2012) "Kyoto Protocol Gets a Second Lease of Life", *New Scientist,* 6 December 2012.

Maslin, Mark (2009) *Global Warming: A Very Short Introduction,* Oxford: Oxford University Press.

Mead, Russell W. (1989) "American Economic Policy in the Antemillenial Era", *World Policy Journal,* 6 (3).

Nesvetailova, Anastasia & Palan, Ronen (2010) "The End of Liberal Finance - The Changing Paradigm of Global Financial Governance", *Millennium,* 38 (3).

O'Hara, Philip A. (2009) "Political Economy of Climate Change, Ecological Destruction and Uneven Development", *Ecological Economics,* 69 (2).

O'Neill, Onora (1996) *Towards Justice and Virtue: A Constructive Account of Practical Reasoning,* Cambridge: Cambridge University Press.

Ostrom, Elinor (1990) *Governing the Commons: The Evolution of Institutions for Collective Action,* Cambridge: Cambridge University Press.

Patomäki, Heikki (2002) *After International Relations: Critical Realism and the (Re) Construction of World Politics,* London: Routledge.

Patomäki, Heikki (2006) "Global Justice: A Democratic Perspective", *Globalizations*, (3): 2.
Patomäki, Heikki (2008) *The Political Economy of Global Security: War, Future Crises and Changes in Global Governance*, London: Routledge.
Patomäki, Heikki (2009a) "The World in Transition: Towards Holoreflexivity? A Review Essay" *http://prodmams.rmit.edu.au/drkxg5vxxjtn1.pdf*
Patomäki, Heikki (2009b) "Neoliberalism and the Global Financial Crisis", *New Political Science*, (31): 4.
Patomäki, Heikki (2011a) "Exploring Possible, Likely and Desirable Global Futures: Beyond the Closed vs. Open Systems Dichotomy" in Joseph, J. & Wight, C. eds., *Scientific Realism and International Relations*, London: Palgrave.
Patomäki, Heikki (2011b) "On the Complexities of Time and Temporality: Implications for World History and Global Futures", *Australian Journal of Politics and History*, 57 (3).
Patomäki, Heikki (2013) *The Great Eurozone Disaster: From Crisis to Global New Deal*, London: Zed Books.
Patomäki, Heikki & Denys, Lieven (2002) "Draft Treaty on Global Currency Transactions Tax", *NIGD Discussion Paper*, 1/2002, Helsinki & Nottingham.
Patomäki, Heikki & Steger, Manfred B. (2010) "Social Imaginaries and Big History: Towards a New Planetary Consciousness?", *Futures*, 42 (10).
Patomäki, Heikki & Teivainen, Teivo (2004) *A Possible World: Democratic Transformation of Global Institutions*, London: Zed Books.
Pierson, Paul (2004) *Politics in Time: History, Institutions and Social Analysis*, Princeton, NJ: Princeton University Press.
Pigou, Arthur C. (1920) *The Economics of Welfare*, London: Macmillan.
Posner, Eric A. & Sunstein, Cass R. (2008) "Climate Change Justice", *Georgetown Law Journal*, 96 (5).
Posner, Eric A. & Weisbach, David (2010) *Climate Change Justice*, Princeton, NJ: Princeton University Press.
Rothstein, Bo (1998) *Just Institutions Matter: The Moral and Political Logic of Universal Welfare State*, Cambridge: Cambridge University Press.
Ruddiman, William F. (2003) "The Anthropogenic Greenhouse Era Began Thousands of Years Ago", *Climatic Change*, 61 (3).
Sandel, Michael (2012) *What Money Can't Buy: The Moral Limits of Markets*, London: Allen Lane.
Schutter, Bart D. & Pas, Johan. eds. (2004) *About Globalisation. Views on the Trajectory of Mondialisation*, Brussels: VUB Brussels University Press.
Sen, Amartya (2013) "The Ends and Means of Sustainability", *Journal of Human Development and Capabilities*, 14 (1/SI).
Stavins, Robert N. (2012) "Cap-and-Trade, Carbon Taxes, and My Neighbor's Lovely

Lawn", http://www.robertstavinsblog.org/2012/10/21/cap-and-trade-carbon-taxes-and-my-neighbors-lovely-lawn/

Turner, Kerry R. *et al.* (1993) *Environmental Economics: An Elementary Introduction*, Baltimore: The Johns Hopkins University Press.

UNEP (2013) "The Impact of Corruption on Climate Change: Threatening Emissions Trading Mechanisms?", *Global Environmental Alert Service*, March 2013, http://www.unep.org/pdf/UNEP-GEAS_MARCH_2013.pdf

United Nations Framework Convention for Climate Change (2012) "Doha Amendment" http://unfccc.int/kyoto_protocol/doha_amendment/items/7362.php

Vanderheiden, Steve ed. (2008) *Political Theory and Global Climate Change*, Cambridge, MA: MIT Press.

Welburn, Dominic (2012) "Rawls, the Well-Ordered Society and Intergenerational Justice", *Politics*, 33 (1).

Wigley, Tom.M.L. (1998) "The Kyoto Protocol: CO2, CH4 and Climate Implications", *Geophysical Research Letters*, 25 (13).

Willets, Peter (2011) *Non-Governmental Organizations in World Politics*, London: Routledge.

第 6 章

グローバル・タックスとグローバル・ガヴァナンス[1]

上村雄彦

1　はじめに――グローバル・ガヴァナンスの改革に向けて

　これまで見てきたように、地球規模課題が深刻化を極め、その解決が見通せない中、数少ない切り札として、グローバル・タックスは大きな可能性を秘めていると思われる。なぜなら、グローバル・タックスが実現すれば、巨額の資金が創出され、グローバルな負の活動を抑制する政策効果が働き、グローバル・ガヴァナンスの民主化と透明化の方向に変革を促す可能性が開かれるからである。

　本章のメインテーマであるグローバル・ガヴァナンスについては、すでに多くの論者がさまざまに論じているが、統一した絶対的な定義はない。[2]その詳細は他稿でも検討しているので（上村 2009）、ここではさしあたり「グローバルなレベルにおける多様なアクターによる課題設定、規範形成、政策形成・決定・実施を含めた共治」としておく（上村 2009：45）。

　また、グローバル・ガヴァナンスはミクロレベルとマクロレベルにわけて考えることもできる。ここでいうマクロレベルとは上記の定義そのものであるが、ミクロレベルとは、グローバル・ガヴァナンスの中でも国際機関や超国家機関における意思決定のあり方を指す。特に各機関の理事会の構成（先進国と途上国理事の比率や政府代表以外のステークホルダーの参加の度合いなど）と意思決定方法（1国1票制か加重表決制かなど）が具体的な中身となる。

本章は、グローバル・タックスの実施が、短期的にはミクロレベルの改革を促進し、長期的にはマクロレベルでもその透明性、民主性、アカウンタビリティ（説明責任を果たす意思と能力）の向上に資する潜在性を浮き彫りにする試みである。

　第1章ではグローバル・タックスの中でも、金融取引への課税を中心にいくつかの構想の比較分析を行った。すなわち、トービン税（トービン）、通貨取引税（シュパーン）、通貨取引開発税（スタンプ・アウト・ポヴァティ：SOP）、金融取引税（シュルマイスター）、そしてグローバル通貨取引税（リーディング・グループ専門家委員会）を比較し、資金創出、政策効果、ガヴァナンスについて検討を行った。しかしながら、リーディング・グループ専門家委員会を除いて金融取引への課税を訴える提唱者たちは、それらが導入された場合のガヴァナンスについては、詳細に論じてこなかった。

　第2章では、欧州で現実化しつつあるEU10ヵ国による金融取引税について詳細な分析が行われたが、EU10ヵ国がいまだガヴァナンスに関する議論を開始していないため、ガヴァナンスの部分については取り上げられなかった。

　そこで、本章ではグローバル・タックスとグローバル・ガヴァナンスの関係、ないしクロスオーバー（交差）を明確にするため、両者の関係に焦点を当て、考察を深めていくが、この議論は特に二つの意味で重要である。一つはグローバル・タックスによって創出される税収を管理するガヴァナンスがなければ、複数の国々がまたがるグローバル・タックスの実施は困難であるという意味である。

　いま一つは、グローバル・タックスの導入に伴って創設されるグローバル・ガヴァナンスは、いわゆる「1％の、1％による、1％のためのガヴァナンス」、すなわち民主性も、透明性も、アカウンタビリティも欠いた現状のグローバル・ガヴァナンスを変革していく突破口となりうる潜在性が存在するという意味である。なぜなら、グローバル・タックスを財源とする国際機関は、桁違いに多数で多様な納税者を抱えることになり、彼らに十分なアカウンタビリティを果たすためには、資金の流れや政策決定過程を透明にし、税収の使途の分配については、多様なステークホルダー（利害関係者）による民主的な議論と意思

第6章　グローバル・タックスとグローバル・ガヴァナンス

決定が欠かせないからである。さもなければ、その国際機関は、いずれその正当性を問われ、存続を脅かされることになるだろう（上村 2014b：73-74）。

　このグローバル・タックスとグローバル・ガヴァナンスをめぐる議論は、すでに上村（2009；2012；2014a；2014b；2014c）、Uemura（2007；2012）、上村・池田（2014）などで詳しく論じているが、ここではこれらを統合的に整理しつつ新たな知見を加えることで、両者のクロスオーバーを明確にする機会としたい。

　このテーマについての包括的な研究はこれまでほとんどなかった。この分野で先駆者となったのは、2001年に『グローバリゼーションを民主化する――トービン税を梃子にして（*Democratising Globalisation: The Leverage of the Tobin Tax*）』を刊行し、その中で「トービン税機関」（TTO: Tobin Tax Organization。後に、Currency Transaction Tax Organization（CTTO）と表現を変える）を提唱したヘルシンキ大学のヘイッキ・パトマキ（Heikki Patomäki）であった（Patomäki 2001）。彼の構想はパリ13大学（当時）のブリュノ・ジュタン（Bruno Jetin）に継承され、ジュタンは「持続可能な開発のための連帯基金（FSDD: Fonds de solidarité pour le développement durable）」を提唱している（Jetin 2002）。

　これらはあくまでも「構想」であったが、2006年9月に最初のグローバル・タックスともいえる航空券連帯税の実施が始まり、それを財源とする国際機関である国際医薬品購入ファシリティ（UNITAID）が創設され、グローバル・タックスのガヴァナンスが現実化している。

　第1章で取り上げた「開発のための国際金融取引に関するタスクフォース」専門家委員会は、パトマキやジュタンの構想、ならびにUNITAIDのガヴァナンスを参考に、グローバル通貨取引税の導入に伴う「グローバル連帯基金（GSF: Global Solidarity Fund）」という超国家機関の創設を提言している。この構想は「革新的開発資金に関するリーディング・グループ」という65ヵ国が加盟する政府間機構の提案である。これを受けて、第1章で紹介されている国際連帯税推進協議会（寺島委員会）が作成した最終報告書の主要な柱としてグローバル通貨取引税とグローバル連帯基金が取り上げられ、それらを日本政府が導入するよう前原誠司外務大臣（当時）に提言されている。

　また、気候変動の分野で、年間1000億ドル（10兆円。1ドル＝100円で計算。以

157

下同様）の資金調達を目指してグリーン気候基金（GCF: Global Climate Fund）が、2011年に創設された。GCFは活動を開始したばかりなので、現時点では十分な財源を確保していないが、2013年の世界のODAの総計が1334億ドル（13兆3400億円）であることに鑑みると、グローバル・タックスの導入なしに、これだけの資金を確保することは困難だと思われる。したがって、GCFの主要な資金源がグローバル・タックスによるものになる可能性は大いにあり、そのガヴァナンスがいかなるものになるかという課題については十分な検討がなされなければならない。

　さらに、長期的な視野に立った時、たとえグローバル・タックスを財源とする個々の超国家機関が創設され、それらのガヴァナンスが透明で、民主的で、アカウンタブルになったとしても、そのことが「1％の、1％による、1％のためのガヴァナンス」を変革するとは限らない。総体としてグローバル社会全体のグローバル・ガヴァナンス自体が透明性、民主性、アカウンタビリティを持つようになければならない。その文脈から、第4章で検討したタックス・ヘイブンへの対応も含めて、グローバル租税機関（GTO: Global Tax Organization）とグローバル議会の創設、そしてグローバル「ガヴァナンス」からグローバル「ガヴァメント」へという、大きな方向性も見極めておくことも肝要であろう。

　以上の流れを念頭に、本章では、まずパトマキとジュタンのグローバル・タックスのガヴァナンスについての構想を概観する。次に、現実に存在するグローバル・タックスのガヴァナンスについて、UNITAIDを考察する。続いて、専門家委員会が提唱し、寺島委員会が支持するグローバル連帯基金（GSF）のガヴァナンスについて、詳細に見ていく。その上で、グリーン気候基金（GCF）のガヴァナンスと今後について展望し、最後に、グローバル租税機関（GTO）とグローバル議会の創設の考察を通じて、グローバル「ガヴァナンス」からグローバル「ガヴァメント」の展開の可能性を探ることを本章の目的と定めたい。

2　トービン税機関（TTO）

　パトマキは、投機マネーの横行によるいわゆる「ギャンブル経済」がいかに

第6章　グローバル・タックスとグローバル・ガヴァナンス

実体経済に多大な悪影響を与えているかという課題について、通貨危機を中心に論じ、その抑制策としてトービン税を検討している。その上で、いかなる国家もいつでも参加できるという開かれた合意のもとで、トービン税を調整し、徴税を行う超国家機関であるトービン税機関（TTO）の創設を2001年に提案している。TTOの役割は、加盟国からの徴税に加えて、税率を定め、課税ベースを定義し、免税の範囲を決定し、監視と監査を行うことである（Patomäki 2001：200；Uemura 2007：117；上村 2009：324；2012：162；2014c：88）。

　パトマキは、TTOという新たな国際機関の設立をグローバル・ガヴァナンスの民主化の手段と位置づけ、ガヴァナンスの構造がIMFや世界銀行のような既存の国際機関よりも民主的で、透明で、アカウンタブルになるような構想を立てている。すなわち、パトマキはまずTTOの中に、主要な決定を行う閣僚理事会（Council of Ministers）と、理事会を監視、牽制する民主議会（House of Democracy）を設けてチェック・アンド・バランスを働かせ、次に民主議会が政府代表、国会議員代表、NGO・労働組合（市民社会）代表から構成される新たな制度を構想している。

　市民社会の代表はその団体が民主議会のメンバーたりうるかどうかのスクリーニング手続きと、くじで選出される。また、億単位の人口を擁する国々と、数万人の小国の人口の相違を意思決定により公正に反映させるために、議決権に人口の大小を加味し、人口大国は3票、小国は1票、その中間の国々は2票という具合に、既存の国際機関より民主的、かつ公正となりうる制度を考案している（Patomäki 2001：202；上村 2009：324；2012：162；2014c：88）。

　閣僚理事会と民主議会の権力関係については、「国家が主導する閣僚理事会は、意思決定においてより強い力を持っているが、民主議会は動議の発動や、限定的ながらも予算に関しての権限を保持できるようにするべきである。また、民主議会は閣僚理事会の主要な決定のいくつかに対して拒否権も持てるようにするべきである」と主張し、両者の力関係の均衡を模索している（Patomäki 2001：203；上村 2009：324）。

　税導入の初期段階では、トービン税が実施されているゾーンから行われていないところへ資本の流出が容易に起こりうることから、パトマキは通貨取引税

の税率を低く設定しながら、徴税した国々がある程度の税収を確保できる制度設計を提案している。すなわち、先進国は徴税した税収の30％を、途上国は60％を自国の税収とすることができるようにすることで、少しでも多くの国々がトービン税スキームに参加することを促す案を提示している (Patomäki 2001: 204；上村 2009: 325)。

パトマキの提案は、中長期のタイムスパンで見る必要があるかもしれない。しかし、グローバル・タックスの導入に伴って新しく設立されるであろう超国家機関がいかにして民主的なものになりうるかを示した彼の貢献は高く評価できる。とりわけ、政府代表、国会議員代表、市民社会代表から構成され、人口の大きさを票の重さに結びつけたユニークな民主議会の創設という構想は傾聴に値する (上村 2009: 323-327)。

3 持続可能な開発のための連帯基金 (FSDD)

ブリュノ・ジュタンは、『トービン税〜諸国家の連帯〜 (*La taxe Tobin: et la solidarité entre les nations*) 』の中で、変動為替相場以降の過剰流動性の下で、通貨投機が横行し、通貨危機が多発していること、その通貨投機を抑制し、通貨危機を予防するのに有効な手立てが通貨取引税であることを論じている。そして、通貨取引税の起源、技術的可能性、実現への道程を議論しながら、通貨取引税は技術的に実施が可能であることを主張している (上村 2009: 328)。

また、実際にそれが導入された場合、どの国際機関が受け皿になるべきかという課題を検討するに当たり、三つの基本的役割と三つの原則を明示している。すなわち、通貨取引税を実施する機関は、①通貨取引税にかかわる国際条約を交渉し、②課税の実施に必要な技術的な基準を設定し、③税収が諸国間で適切に分配されるように調整するという基本的役割を、透明性、アカウンタビリティ、民主主義という三つの原則に則って、果たすことを求めている (Jetin 2002: 115, 123；上村 2009: 328；2012: 162；2014c: 88)。

以上の基準に従い、ジュタンは国際通貨基金 (IMF: International Monetary Fund)、世界銀行、国際決済銀行 (BIS: Bank for International Settlements)、国連総

会、国連経済社会理事会、国連貿易開発会議（UNCTAD: United Nations Conference on Trade and Development）、国連開発計画（UNDP: United Nations Development Programme）を一つ一つ吟味し、結果として現状ではどの機関も適切とはいえないと論じ、ジュタンは新たな国際機関を創設することを提案している。彼はそれを「持続可能な開発のための連帯基金（FSDD）」と名づけ、いかなる機関からも独立しつつ、徴税や技術的側面でBISと協力し、税収の分配に際してはUNCTADやUNDPと協働することを主張している（Jetin 2002：123；上村 2009：328-330）。

このFSDDの制度設計について、ジュタンは、パトマキとリーベン・デニス（Lieven Denys）によって起草された「グローバル通貨取引税機関（Global Currency Transaction Tax Organization）」の条文を参考に考案している（Patomäki & Denys 2002）。まずFSDDは各国理事会（le Conseil des États）と民主総会（l' Assemblée démocratique）からなり、理事会において、人口大国は3票、小国は1票、その中間にあたる国は2票というように、理事国は人口規模に見合った議決権を持つ（Jetin 2002：123-125；上村 2009：330-331；2014c：88-89）。

民主総会は、条約を修正し、理事会により提出された予算を議決する権限を有する。総会は、政府代表（1国1名）、国会議員代表（人口の規模によって1名から5名）、そして市民社会代表（政府代表と国会議員代表を合わせた議席の4分の3）から構成される。市民社会代表はあらかじめ定められたリストの中から、抽選で選出される。選出されなかったNGOや労働組合、ならびに地方公共団体は、FSDDに直接提案を出す権利を持つ（Jetin 2002：125-126；上村 2009：330-331；2012：162-163；2014c：88-89）。

また、ジュタンは税収の使途について、FSDDは一方で地球レベルの環境・社会プログラムと為替準備基金（fonds de réserve en devises）、他方で各加盟国によって実施される国別プログラムという二つの基本的なプログラムに分配されると論じている。FSDDはグローバル・プログラムに関してはその目的や優先順位、資金創出の費用を議論するが、国別プログラムに関しては各国に分配される資金の割合を決定するだけで、実質的なプログラムの内容は各国によって決定される。国別プログラムの中身については、FSDDは各国から提出され

た開発計画がFSDD条約や他の国際条約、国際法に適合しているかどうかを確認する役割を担うのみである (Jetin 2002：126；上村 2009：331；2012：163；2014c：89)。

　ジュタンは税収の分配に当たって最も重要な原則は民主主義であると論じ、具体的には毎年UNDPが刊行している人間開発指標に基づいて分配することを提案している。すなわち、分配の出発時点において人間貧困指標、環境破壊バランスシート、ジェンダー開発指標が悪い国ほど多くの資金を分配し、その後はこれらを改善した国に対して資金配分を増やすなど、決められた指標に従って各国の進捗状況を把握し、これらを考慮に入れながら分配額を決定、見直していくことを提言している (Jetin 2002：126-129；上村 2009：331-332)。

　他方、国別プログラムについてFSDDは基本的に内容には口を挟まない。なぜなら、従来の開発援助は、往々にしてその影響を受ける住民との十分な協議をすることなしに「上から」一方的に押し付けたゆえに、失敗してきたからである。したがって、「最善の方法は、人々がこのプログラムを策定し、自ら優先順位を決定することである」とジュタンは論じている (Jetin 2002：129；上村 2009：332)。ただし、プログラム資金が想定された人々に届いていなかったり、汚職など不適切な使途があった場合には、資金供給の停止や特別基金への資金移転を行うように主張している。このようにグローバル・タックスが生み出す開発資金を運営する新たなシステムは、従来の開発アプローチが過去に犯してきた失敗から多くの教訓を学びながら、そのアプローチそのものを変革する契機になりうるとジュタンはいうのである (Jetin 2002：129-132；上村 2009：332)。

　ジュタンの提案については、たとえばFSDDは既存の国際機関が実施しているプログラムやプロジェクトとの重複を、どのようにして回避するのかなどの疑問が湧き上がる。しかしながら、ジュタンはいかにしてグローバル・タックスが管理・統治され、税収が再分配され、使われるべきなのかという点で明快なアイデアを出しており、グローバル・タックスのグローバル・ガヴァナンスに関する研究に大きな貢献をなしていると思われる (上村 2009：332-333)。

第6章　グローバル・タックスとグローバル・ガヴァナンス

4　UNITAID（国際医薬品購入ファシリティ）

　以上はグローバル・タックスのガヴァナンスの「構想」であったが、ここからはUNITAIDという「現存する」ガヴァナンスについて検討していこう。

1　UNITAIDの設立とその目的

　UNITAID共同声明が、ブラジル、チリ、フランス、ノルウェーによって発表されたのは2006年6月2日であった。これにイギリスが加わり、これら5ヵ国がUNITAIDの創設国となった。創設国はHIV/AIDS、マラリア、結核それぞれの疾病分野で優先されるべき活動分野を同定し、基本原則としてパートナー組織と協働して活動を行うことを定めた。また、世界保健機関（WHO: World Health Organization）と協定を結び、設立初期においてはUNITAIDの信託基金と事務局をWHOの中に置くことを決定した（UNITAID 2006：2-3；上村 2009：285）。

　このような経過を経て、2006年9月19日の国連総会開会式の場で、UNITAIDは正式に設立された。その後、UNITAIDへの参加国・団体は、現在29ヵ国にビル＆メリンダ・ゲイツ財団を加えて、30に拡大している[3]（上村 2014b：74；2014c：89）。

　UNITAIDの使命は、「多くの途上国が購入できない質の高い医薬品や診断薬の価格を低下させることを通じて、途上国の人々のHIV/AIDS、マラリア、結核の治療へのアクセスを高め、これらの医薬品が入手できるペースを加速するのに資すること」である（UNITAID 2007：1；上村 2014b：74）。ここで重要になるのが、航空券連帯税という安定的かつ予測可能な資金源の存在である。このような資金を用いることで、医薬品や診断薬を長期間にわたって大量に購入することができ、堅実な需要を喚起しながら、これらの価格を低下させ、入手可能性と供給を増加させることが可能となる（Uemura 2007：125-126；上村 2014b：74）。

　2006年の創設以来、UNITAIDは94ヵ国で16のプロジェクトを支援し、10億ド

163

ル(1000億円)を費やし、今ではHIV/AIDSの子どもたちの4人中3人がUNITAIDの支援により、治療を受けている (UNITAID 2010：16；上村 2014b：74)。

2　UNITAIDのガヴァナンス

UNITAIDは理事会、諮問フォーラム、事務局、信託基金から構成されている。その中で最も重要な機関は理事会である。理事会は意思決定機関であり、諸目的を定め、活動計画を立て、パートナーシップを推進することに責任を負っている。理事会は、創設国(フランス、チリ、ブラジル、ノルウェー、イギリス)、スペインから各1名ずつで計6名、アフリカ連合、アジアから各1名ずつ、市民社会(NGO、患者コミュニティ)から2名、財団から1名、WHOから1名の合計12名の理事で構成されている。理事会の初代理事長はフランス元外務大臣で、国連事務総長特別アドバイザーのフィリップ・ドストブラジ(Philippe Douste-Blazy)が現在も務めている (Uemura 2007：126；上村 2009：293-294；2012：163-164；2014b：74-75；2014c：89-90)。

理事会を支え、事業を実施する事務局、ならびにUNITAIDの資金を調達するための信託基金は、創設国とWHOの協定に基づき、WHO内に設置されている。これは新たな官僚機関の創設を避けるためとされている。また、UNITAIDは、理事会に入っていない国々、NGO、企業、その他のステークホルダーの意見をすくい上げるために、2007年5月に諮問フォーラムを創設している。フォーラムの準備会合には、40~50名の参加者とともにすべての理事が参加して開催され、活発な意見交換が行われており (上村 2009：299；2012：164；2014b：75；2014c：90；Taskforce 2010：30)、きわめて民主的な運営が試みられている。

UNITAIDが航空券連帯税というグローバル・タックスに依存している以上、アカウンタビリティが強く要請されることから、透明性の確保、ならびに第三者評価は欠かせない。透明性の確保についてUNITAIDは、理事会の議事録や財政状況などをホームページで公開し、その確保に努めている (上村 2014b：75；2014c：90)。

そして、第三者評価についてUNITAIDは、評価に関して理事会に報告を行う独立運営委員会 (ISC: Independent Steering Committee) を創設し、ISCはITAD

第 6 章　グローバル・タックスとグローバル・ガヴァナンス

というイギリスの国際開発コンサルタント会社に過去 5 年間の評価を依頼している。ITADは、UNITAIDは「正しいことを」「正しい方法で」大きなインパクトを与えているかいう観点から総合評価を行い、その成果を *UNITAID: 5 YEAR EVALUATION* として、2012年10月に刊行し、UNITAIDについて前向きな評価を下している（ITAD 2012）。この評価だけで十分かどうかについては、まだ検討の余地はあるが、グローバル・タックスを財源とする国際機関が、きちんと第三者評価を行っていることは評価に値するだろう（上村 2014b：75；2014c：90）。

　しかしながら、UNITAIDはいくつかの課題に直面している。まず、諮問フォーラムが開催されたのは、2008年 5 月、同年12月、2011年10月の 3 回だけである。諮問フォーラムはいずれパトマキやジュタンが構想する民主議会や民主総会のような役割を果たすことが期待されるものであるが、現状ではそこからは程遠い。したがって、理事会の外にいる多様なステークホルダーの声を集め、意思決定に反映させ、UNITAIDをより民主的なものとするために、開催回数を増やすなど、諮問フォーラムを活性化させる必要があるだろう。

　次に、UNITAIDのメンバーは、現在29ヵ国と一つの財団である。UNITAIDがグローバルな規模で大きな影響を与えるためには、現在の加盟国では少なすぎる。航空券連帯税を導入する国々を増やすとともに、自らの加盟国を増やすことは至上命題であるように思われる。

　これらの問題点にもかかわらず、UNITAIDのガヴァナンスについては評価すべきものがある。とりわけ、最も重要な理事会の中に直接NGOのメンバーが入っている点は、意思決定の中核部分で市民社会や草の根の現場の想いを保証する仕組みと見なすことができる。そして、それは既存の国際機関のそれと比較して、より民主的であることを示しているのではなかろうか（Uemura 2007：126；上村 2009：294-301；2012：164；2014b：76；2014c：90-91）。

　この点について、革新的開発資金に関するリーディング・グループの「開発のための国際金融取引に関するタスクフォース」専門家委員会も、「透明性とアカウンタビリティを核とする原則を謳った憲章とともに、UNITAIDは他の国際機関に比して、より民主的で、透明で、アカウンタブルである」と論じ、

UNITAIDのガヴァナンスを高く評価している（Taskforce 2010：30）。

5　グローバル連帯基金 (GSF)

　次に検討するのは、そのタスクフォース専門委員会が提唱するグローバル連帯基金 (GSF) である。それは、専門家委員会がグローバル通貨取引税を提案するに当たり、その税収を管理する超国家機関として提唱した構想である。

　GSFはグローバル通貨取引税の徴税、分配、管理を統括する機関であるが、その創設に当たり、タスクフォース専門家委員会はアカウンタビリティ、民主主義、公正な代表性、透明性の原則の重要性を強調している。また、新しい基金が直接税収を使うのではなく、現場でプロジェクトなどを実施する既存の機関に資金を分配することを提唱している。特に、委員会はグローバル連帯基金のあり方について、「統治機関（理事会）が合意した原則に基づいて資金を配分する基金」となるよう提言している（Taskforce 2010：30；上村 2012：164；2014c：166）。

　専門家委員会はGSFの運用上の諸原則について、①強力で、公正で、明快なアカウンタビリティ、②先進国と途上国でバランスの取れた理事の構成と輪番制、③民間セクターと市民社会代表の包摂、④諸過程を監視、評価するための透明な仕組みの設立、⑤資金の受入れ、運営に際し明確な任務 (mandate) のみに資金を提供すること、⑥既存のODAに代替されないようにすること、という六つの原則を挙げている（Taskforce 2010：30）。

　これらを念頭に、委員会はこれまで議論してきたTTO、FSDD、UNITAIDのようなグローバル・タックスのガヴァナンスについての構想を吟味し、四つの選択肢を提示している。

> 最初の選択肢は、新しい基金を世界銀行やIMFのような既存の組織の中に設立するというものである。二つ目の選択肢は、世界エイズ・結核・マラリア対策基金やUNITAIDのような最近創設された機関のガヴァナンスをベースにして新しい基金を創設する。第三の選択肢は、ヘイッキ・パトマキの通貨取引税機関（閣僚理事会と民主議会）やブリュノ・ジュタンのFSDD（各国理事会と民主総会）の提案に沿って、

新しい基金を設立することである。最後の選択肢は、これらのそれぞれの要素を組み合わせることである。

(Taskforce 2010：30；上村 2012：164)

結果として、専門家委員会は「委員会は短期的には選択肢1と選択肢2の適切な要素の組み合わせを採用することを勧告するが、長期的には第三の選択肢も考慮することを推奨する。換言すれば、グローバル連帯基金は、諮問フォーラムとともに、市民社会やビジネスセクターも含めた幅広いステークホルダーから構成される意思決定機関を擁する独立した信託基金として設立することができる」という結論を出している（Taskforce 2010：31；上村 2012：165；2014c：91）。

すなわち、グローバル連帯基金は信託基金、理事会、諮問フォーラム、事務局から構成される。信託基金は世界銀行のような豊かな経験を持つ国際金融機関によって管理されるが、理事会は先進国と途上国のメンバーのバランスの取れたマルチ・ステークホルダーで構成される。基金は理事会の外にいる関係者の声をすくい上げるために、諮問フォーラムを設置する。諮問フォーラムは将来的にはパトマキのいう民主議会、ジュタンの提唱する民主総会のような機構に改組される可能性がある、ということになろう（上村 2012：165；2014c：91）。

もしこのことが現実化すれば、既存のガヴァナンスよりも民主的で、透明で、アカウンタブルな新しいタイプのグローバル・ガヴァナンスがミクロレベルで創られることになるだろう。したがって、この構想は今後グローバル・タックスの実施に伴って設立されうる国際機関のガヴァナンスの一つの設計図を提供することとなるであろう。

6　グリーン気候基金 (GCF)

1　設立の背景

ここで、気候変動の分野、とりわけ気候資金のガヴァナンスで注目されるグリーン気候基金（GCF: Green Climate Fund）の検討に移ろう。この機関は、2011年12月に南アフリカ共和国のダーバンで開催された第17回国連気候変動枠組条

約締約国会議（COP17）の場で創設された。その背景には、2012年に第一約束期間が終了した京都議定書に代わる新たな枠組みとなるポスト京都議定書に途上国を入れ込みたい先進国の思惑と、先進国が義務を負っている気候資金の提供を大規模で確実に得たい途上国の要望が合致したことがある（上村・池田 2014：249）。

これまで途上国は、地球環境ファシリティ（GEF: Global Environmental Facility）から気候変動を含む地球環境対策に105億ドル、特別気候変動基金から1億8888万ドル[5]、後発開発途上国基金から3億4600万ドル[6]、適応基金からは1億6500万ドル[7]の無償援助を受けているが、これらの合計額である約112億ドル[8]は、気候変動対策に必要な額（年間1000億ドルの単位）に比して、あまりにも小さい。しかし、もしこの資金ギャップを埋めることができれば、一方で途上国は効果的な気候変動対策を取れるようになり、他方でそれによりポスト京都議定書の枠組みに途上国が加わることも容易になる。

それを具現化するために設置されたのが、GCFである。GCFは2010年に開催されたCOP16で基金創設の方向性が確定し、COP17での創設に向けて移行委員会が設置され、委員会の提言を基にCOP17の場で年間1000億ドル規模の資金を扱う基金として、その設立に至った（上村・池田 2014：250）。

2　グリーン気候基金のガヴァナンス

GCFの目的は、気候変動に対処するために国際社会によって設定された目標の達成に向けたグローバルな努力に対して、重要かつ野心的な貢献をすることである。特に、途上国が温室効果ガスを削減し、気候変動の悪影響に適応できるよう支援することを通じて、低炭素かつ気候変動耐性型開発へのパラダイムシフトを目指している。そのために、GCFは国内・国際レベルで公的・民間双方の気候資金の触媒となり、新規で追加的、十分で予測可能な資金を途上国に供給することになっている（GCF 2012a：2；上村 2014b：76；上村・池田 2014：250）。

GCFは理事会、事務局、暫定受託機関から構成され、世界銀行が暫定受託機関を務め、GCFの運用3年後に再検討されることとなっている[9]（上村 2014b：76）。

第 6 章　グローバル・タックスとグローバル・ガヴァナンス

　ここで、最大のポイントとなるのが、理事会の構成と意思決定方法である。理事は、先進国理事が12名、途上国理事がアジア太平洋から 3 名、アフリカから 3 名、ラテンアメリカ・カリブから 3 名、小島嶼諸国から 1 名、後発開発途上国から 1 名、それ以外の途上国から 1 名の計12名、合計で先進国、途上国理事が同数の24名から構成されることとなった。また、先進国理事、途上国理事からそれぞれ 1 名ずつ議長が選出される共同議長制を敷くこととなった (GCF 2012b：3-5)。すなわち、GCFは理事数において先進国と途上国が平等となるガヴァナンスを備えることとなった (上村 2014b：76；上村・池田 2014：250)。

　また、ここでの意思決定方式は原則としてコンセンサスであり、もし得られない場合は共同議長が休会にして非公式会合を提言することもある。それでもなおコンセンサスを得られない場合は、理事会が定める投票によって意思決定を行うとしている (GCF 2012b：9)。

　さらに注目されるのが、GCFが市民社会や民間企業などの多様なステークホルダーの関与を掲げていることである。その一つの体現が理事会へのオブザーバー参加である。オブザーバーは二つのカテゴリーに分けられている。一つはいわゆるオブザーバーであり、いま一つは「アクティブ(活動的)」オブザーバーである (GCF 2012c：1)。アクティブ・オブザーバーは市民社会から 2 名、民間企業から 2 名選出され (ともに先進国と途上国から 1 名ずつ)、以下の資格を持つ。

　第一に、理事会での議題に項目を追加することを要求できる。第二に、外部の専門家の理事会への招聘を共同議長に推薦することができる。第三に、理事会で参加者に発言することを要求することができる。そして、議決権は持たないものの、議長の許可を得て理事会で発言し、議論に参加することができる (GCF 2012c：3-4)。一般のオブザーバーにはこのような資格は与えられていないことはいうまでもない (上村 2014b：77；上村・池田 2014 250-251)。

　市民社会や民間企業からのアクティブ・オブザーバーの選出プロセスは、事務局が選定した関連団体から理事会が選んだ独立した組織によって進められ、その上でアクティブ・オブザーバーは以下の四つの方法で選ばれることとなっている。

①市民社会組織や民間企業の投票を通じた自主選出。②市民社会組織や民間企業の諮問パネルや委員会を通じた自主選出プロセスの促進。③事務局による事前選出と市民社会組織や民間企業の推薦を基にした理事会による選出。④これらのプロセスの組み合わせ。ただし、民間企業については、市民社会のようにまとまりのあるグループができていないので、③の理事会による選出が適切であるかもしれないと付言されている（GCF 2012c：3-4）。

結果として、アクティブ・オブザーバーは自主選出で、市民社会からはアクションエイドのブランドン・ウー（Brandon Wu）と第三世界ネットワークのミーナクシ・ラーマン（Meenakshi Raman）が、企業セクターからは気候市場投資協会（Climate Markets and Investment Association）のアビド・カルマリ（Abyd Karmali）と持続可能な開発のための世界ビジネス協議会（World Business Council for Sustainable Development）のグウェン・アンドリューズ（Gwen Andrews）が選出された。[10]

ここで注目されるのは、自主選出という民主的な手法が採られたこと、ならびに選出されたメンバーがアクションエイドや第三世界ネットワークというきわめて「急進的」なNGOのメンバーであるという点である。これはGCFの理事会として、批判的なステークホルダーの声をしっかりと聴くという意思表示とみなすことができ、評価できる。実際に、第三世界ネットワークのラーマンは、「私たちは理事と同等に扱われ、重要と思われる諸点について意見を述べることができる。また、議事録に残すために、発言することも許されている」と述べている。[11]

また、GCFは2013年6月の理事会で、民間セクター諮問グループ（PSAG: Private Sector Advisory Group）の創設を決定した。諮問グループは、4名の理事に加え、途上国の企業セクターから4名、先進国の企業セクターから4名、市民社会から2名の専門家から構成され、理事会に民間セクターとの広範なかかわりや協約についてアドバイスを行うこととなっている（GCF 2014：1）。

既述のUNITAIDは、市民社会から2名、財団から1名の理事を選出し、理事会で他の理事と同等の権限を持つことを付与しているので、グリーン気候基金においてはUNITAIDより政府代表以外のステークホルダーの意思決定過程

第6章　グローバル・タックスとグローバル・ガヴァナンス

への関与は小さい。しかし、「アクティブ・オブザーバー」という新たなカテゴリーを設け、理事会という意思決定の中枢に多少なりともかかわることを可能にしているという点、PSAGを創設し、民間セクターの声を理事会に反映させようとしている点は、特筆に値する。

　さらに、GCFは独立評価ユニット（Independent Evaluation Unit）を理事会の下に創設している。GCFはまだ実際に活動を開始していないので、このユニットがどのような手段で、何の評価を行うのかは現時点では不明であるが、さまざまな資金を集めて融資を行う以上、自らの活動について確固たる第三者評価を行うということであるならば、GCFのアカウンタビリティを保証する観点から評価できる。

　他方、GCFのガヴァナンスは、とりわけ民主性とアカウンタビリティの観点からUNITAIDと比較して、不確実性を持つ。それは、一つにはUNITAIDが備えている諮問フォーラムのような組織、すなわち、理事会に入れなかった国や組織の声を拾うための仕組みの欠如である。次に、民間セクター諮問グループ（PSAG）創設に際しての市民社会専門家の選出方法である。ラーマンによると、「関連する市民社会団体による議論を通じてPSAGで市民社会を代表する専門家を選出したにもかかわらず、理事会は別の専門家を選出した」との問題提起を行っている。[12] なぜこのようなことが行われたのかは不明であるが、GCFの民主性と市民社会からの関与を確実にするためには、今後PSAGの市民社会専門家の選出方法は再考されるべきであろう。

　このように、GCFのガヴァナンスはUNITAIDと比して優れているとは言い切れないが、IMFや世界銀行と比較すれば、かなり公正なものに設計されているといえる（上村 2014：77-78）。このことは、何よりも年間10兆円という巨額の資金を調達するために、あらゆるセクターから、あらゆる方法で、あらゆるチャネルを通じて資金を「かき集め」なければならないというGCFの「宿命」が形になったものと捉えることができるだろう。そして、結果として、その資金源として、グローバル・タックスが導入されることとなった場合には、多様なアクターが政策形成や意思決定に参画するGCFのガヴァナンスは、きわめて適切なものとして評価されることになると思われる。

7　グローバル租税機関とグローバル議会

1　国際機関の脆弱性とグローバル・タックスを財源とする機関との相違

　ここまで、グローバル・タックスにかかわるガヴァナンスのミクロレベルの議論、すなわち、グローバル・タックスの導入に伴って創設されうる超国家機関の革新性について論じてきた。ここで一つ確認しておきたいのが、これらの機関とグローバル・タックスとはかかわりなく創設され、現在まで存在している国際機関との相違である。その相違を一言でいうならば、従来の国際機関は各国の拠出金によって運営されるため、大きな制約を受けている一方、グローバル・タックスを財源とする超国家機関はその制約を乗り越える潜在性を持つということである。そこで、現存する国際機関の制約を詳しくみておこう。

　まずは、意思決定の面である。その中核となるのは理事会であるが、これは各国の政府代表から構成される場合がほとんどである。各国代表の第一の関心事はまずは国益の最大化であり、地球益は二の次になることが多い。これでは、各国の国益を超えて協調して対処しなければならない地球規模課題の解決にはおぼつかない。

　次に、財源についても、各国から拠出金が出されなくなれば、特に大口の拠出金を出す大国から資金が来なくなれば、その機関は立ち行かなくなることから、既存の国際機関は財政面での自立についても乏しい。実際に、国連は最大の拠出国であるアメリカが長期間にわたり拠出金を滞納してきたため、きわめて苦しい財政運営を強いられてきた。また財政面での各国、特に大国への依存は、政策面でもこれらの国々に配慮せざるを得ず、十分な自律性を保つことができないことを意味している（上村 2013b）。

　これに対し、すでに検討したとおり、航空券連帯税というグローバル・タックスを財源とする国際機関であるUNITAIDの理事会は、政府代表だけでなく、市民社会、財団、国際機関も理事になり、意思決定に市民社会や現場の想いなど、多様な意見を反映させ、国益を超えた利益のための決定を試みている。

　グローバル・タックスを財源とする国際機関は、従来のそれとは異なり、財

政的に自立性を確立し、主権国家、特に大国の「くびき」からもある程度解き放たれる可能性も有している。すなわち、拠出金に頼らず財政的な自立性を確保することで、各国の国益に縛られず、純粋に地球益の実現に向かって政策を策定し、活動を展開する可能性が開かれているのである（上村 2013a：251）。

したがって、今後航空券連帯税に加えて、金融取引税、地球炭素税、武器取引税などさまざまなグローバル・タックスが導入され、それに伴って次々と独自の財源と多様なステークホルダーによる意思決定を備えた超国家機関が創設されることになれば、現在の強国・強者主導のグローバル・ガヴァナンスは、全体として大きく変革を迫られることになるだろう（上村 2013a：251；2013b；2014a：133；2014c：92）。

2　グローバル・「ガヴァナンス」からグローバル・「ガヴァメント」へ？

さらに長期的な展望ではあるが、今後さまざまなグローバル・タックスが実施され、それを管理する国際機関が多数創設された場合、これらの機関がどこかの時点で一つに収斂して「グローバル租税機関（GTO）」とも呼べる機関が設立されることもありうる。さらに、その機関を民主的に統制するために「グローバル議会」とも呼べる組織が創設される段階、すなわち世界連邦や世界政府の実現に近づく可能性さえ考えられる（上村 2009：333-337；2013b；2014a：133；2014b：79-80；2014c：92）。

類似の構想は、IMF財務局長であったタンジ（Vito Tanzi）、「開発資金に関するハイレベル・パネル」（以下パネルと呼ぶ）、既述のパトマキやジュタンらによって提唱されている。たとえば、タンジが「租税情勢を監視し、各国の租税活動の調整と調和を促進し、解決策を提言する世界的な機関を創設する時が来た」と論じ、世界租税機関（WTO: World Tax Organization）の創設を提言したのは、1998年であった（Tanzi 1998：186；上村 2009：317-319；2014b：79）。

パネルは2002年3月にメキシコのモンテレーで開催された国際開発資金会議に先立ち、2000年にコフィー・アナン（Kofi Annan）国連事務総長（当時）が専門家パネルの設置を提案したことにより創設された。パネルは「国際的な波及効果が大きいにもかかわらず、いかなる国際機関もいまだに対処していない経済

政策の主要な分野が税である」と主張し、国際的な脱税、租税回避、租税競争、資本逃避などの「租税破壊」を解決するためには、国際的な租税機関が必要であると論じ、国際租税機関（ITO: International Tax Organization）の設立を提唱している（High-Level Panel 2001；上村 2009：319-323；2014b：79）。

そして、パトマキは2001年にトービン税機関（TTO）を、ジュタンが2002年に持続可能な開発のための連帯基金（FSDD）を提唱したのはすでに見たとおりである。

一国内の租税と組織のあり方を見てみると、国によって事情は異なるものの、地方税や特定財源を除いて、税金の大半は基本的に財務省や国税庁に一括して納税され、一元的に管理されている。環境税は環境省へ納税され、環境省によって管理されるわけではない。租税のタイプは異なっても、それらは大部分が財務省や国税庁によって管理され、政府によって一元的に運用されている。

同様に、長期的に見て、個別に運営されていたグローバル・タックスを財源とする機関が、一つの機関（国内レベルの財務省のような機関—グローバル租税機関）に統合され、その機関がすべての税を管理する潜在性をここでは指摘しているのである。そして、財力と権力を持ったGTOが常に透明性を持って民主的な運営とアカウンタビリティを果たすことを確実にするために、パトマキのいう民主議会の、ジュタンのいう民主総会のグローバル版、すなわち「グローバル議会」ないし「地球議会」とでも呼ばれるものが設立されるかもしれないし、むしろ設立される必要があるだろう（上村 2009：334-335；2013b）。

グローバル議会はグローバル租税機関の透明性、民主的運営、アカウンタビリティに責任を持つのみならず、一国内で議会がそうしているように、グローバル・タックスによって得られた税収の使途を議論し、決定し、実施国や実施機関、さまざまなプログラムやプロジェクトに資金を供給することになるだろう。もしこのような構想が現実化すれば、グローバル「ガヴァナンス（統治）」からグローバル「ガヴァメント（政府）」への移行の端緒となりうるかもしれない[13]（上村 2013b）。

このようなロジックは、あまりに「空想的」と思われるかもしれない。しかしながら、欧州連合がその執行機関である欧州委員会を設立し、それに対して

第6章　グローバル・タックスとグローバル・ガヴァナンス

チェック・アンド・バランスを果たす欧州議会を対置させ、実際に機能している現実を踏まえるならば、あながち「空想的」と断じることできないのではなかろうか。

こうして、グローバル・タックスの現実化は、グローバル・タックスを財源とする個々の超国家機関が透明で、民主的で、アカウンタブルなガヴァナンスをビルトインすることに留まらず、「1％の、1％による、1％のためのガヴァナンス」とも呼ばれる現在のグローバル社会全体の不公正なグローバル・ガヴァナンスを変革させる大きな礎となる可能性を秘めているといえるのである。

8　おわりに

本章では、トービン税機関(TTO)、持続可能な開発のための連帯基金(FSDD)、UNITAID（国際医薬品購入ファシリティ）、グローバル連帯基金(GSF)、グリーン気候基金(GCF)を含め、グローバル・タックスが導入された場合のミクロレベルのガヴァナンスについて詳細に検討した。その上で、マクロレベルのグローバル・ガヴァナンスに対してグローバル・タックスがもたらすであろう影響について、グローバル租税機関とグローバル議会を取り上げ、グローバル・タックスがグローバル社会そのものを変革する潜在性についての論理を展開した。

TTOとFSDDは、ともにグローバル・タックスが導入された場合、どのようなグローバル・ガヴァナンスを構想できるかということを明示し、UNITAIDはいまだ解決すべき課題を抱えつつも、より民主的で、透明で、アカウンタブルなガヴァナンスの成功事例の一つと捉えられた。

GCFについては、2012年8月に初めての理事会を開催したばかりで、まだ十分な資金を備えていないので、今後の推移を注意深く見守る必要がある。なぜなら、その資金源がどうなるかによって、つまりGCFの主たる財源が先進国からの拠出金になるのか、炭素市場からの資金になるのか、民間企業からの調達になるのか、グローバル・タックスの導入によるものになるのかによって、そのガヴァナンスが変わってくるはずだからである。

気候資金の供給は、京都議定書によって先進国の義務とされているので、

GCFの理事会において政府代表理事の権限が小さくなることはないだろう。しかしながら、巨額の気候資金の必要性に鑑みると、今後グローバル・タックスの導入は避けられないと考えられる。そしてそれがGCFの財源の中で大きな比重を占めるようになった時、市民社会と民間企業のアクティブ・オブザーバーが理事に昇格し、理事会の中でより大きな声を響かせる可能性も否定できない。そのようなことが現実になれば、多様なステークホルダーがさまざまな意見を意思決定プロセスに反映させることができるという点で、より公正で、望ましいグローバル・ガヴァナンスに向けた変化を意味することになるだろう。

　さらに、近い将来EU10ヵ国による金融取引税が導入され、それがグローバルに拡大したグローバル金融取引税が実現することとなった場合、その税収の大きさからグローバル金融取引税機関（GFTTO: Global Financial Transaction Tax Organization）とも呼びうる機関の創設も考えられるだろう。そして、タックス・ヘイブンに対して一元的かつ強力に対応するためにも、いずれグローバル租税機関のような超国家機関の創設が求められると思われる（上村 2014b：78-80）。その際、グローバル金融取引税機関を核として、他のグローバル・タックスを財源とする超国家機関が統合される中で、グローバル租税機関は現実化するのかもしれない。

　これらの考察から、グローバル・タックスは、グローバル・ガヴァナンスの民主化、透明化、アカウンタビリティの向上に資する可能性を持ち、そこにグローバル社会を大きく変革させる潜在性を認めるのである。

【注】
1）　本章は、Uemura, Takehiko (2012) "From Tobin to a Global Solidarity Levy: Potentials and Challenges for Taxing Financial Transactions towards an improved Global Governance", *Économie Appliquée*, tome LXV, 2012, n° 3, pp.59-94の後半部分を和訳し、大幅に加筆・修正を加えたものである。
2）　たとえば、有名な定義としては、ジェームズ・ローズノウ（James N. Rosenau）の「政府なき統治"governance without government"」がある（Rosenau 1992）。彼は、1992年に出版された『政府なき統治―世界政治における秩序と変化（*Governance Without Government: Order and Change in World Politics*）』の中で、ガヴァナンスは政府機関も、非公式非政府のメカニズムも包含することを主張した上で、「ガヴァメントが自

第 6 章　グローバル・タックスとグローバル・ガヴァナンス

らの政策に対して広範な反対に直面した時でさえも機能できるのに対し、ガヴァナンスは、それが多数によって（あるいは、少なくとも、最も強力な影響力を行使する者によって）受け入れられた時にのみ作用するルールのシステムである」と論じ、「政府なき統治（"Governance without government"）」が存在することを炙り出した (Rosenau 1992：4)。他方、グローバル・ガヴァナンス委員会 (The Commission on Global Governance) は、「よりよい世界を創るためには、共に力を合わせ、集団としての力を使うこと以外に方法はない」と明言し、グローバル・ガヴァナンスを次のように包括的に定義している。それは「個人と機関、私と公とが、共通の問題に取り組む多くの方法の集まりである。相反する、あるいは多様な利害関係の調整をしたり、協力的な行動をとる継続的プロセスのことである。承諾を強いる権限を与えられた公的な機関や制度に加えて、人々や機関が同意する、あるいは自らの利益に適うと認識するような、非公式の申し合わせもそこには含まれる」というものである (Commission on Global Governance 1995：2)。これらの議論の詳細については、上村 (2009) を参照。

3)　UNITAID URL: http://www.unitaid.eu/en/how/members, last visited, 31 October 2013

4)　UNITAID URL: http://www.unitaid.eu/en/about/achievements-mainmenu-106.html, last visited, 3 March 2011

5)　GEFウェブサイト（http://www.thegef.org/gef/whatisgef, last visited, 26 August 2012）。

6)　GEFウェブサイト（http://www.thegef.org/gef/SCCF, last visited, 26 August 2012）。

7)　GEFウェブサイト（http://www.thegef.org/gef/LDCF, last visited, 26 August 2012）。

8)　適応基金ウェブサイト（http://www.adaptation-fund.org/about, last visited, 26 August 2012）。

9)　2013年12月に、事務局は韓国の仁川市に置かれることとなった。

10)　GCFウェブサイト（http://www.gcfund.org/observers/active-observers.html, last visited on 27 October 2014）。

11)　第三世界ネットワークのミーナクシ・ラーマン（Meenakshi Raman）へのメールインタヴュー（2014年10月30日）。

12)　Raman, Meenakshi (2014) "Green Fund adopts key decisions on operations", *TWN Info Service on Climate Change* (Mar14/01), 3 March 2014, Third World Network, (http://www.twn.my/title2/climate/info.service/2014/cc140301.htm, last visited, 31 October 2014).

13)　グローバル議会やグローバル「ガヴァメント」については、本当に実現できるかどうかという疑問、このような巨大な機関が巨大な利権や汚職の発生させる可能性、「権力の過度の集中・テクノクラート支配は圧制を生み、政治的文化的な多様性の喪失につながる」という批判（深井 2005：164-165）、既存の国際機関と新たな機関との関係性の不明瞭さなど、重い課題が横たわっている（上村 2009：347；2014c：97）。これらの諸点については、今後さらなる考察を深めていきたい。

〔参考文献〕
○日本語文献
上村雄彦(2009)『グローバル・タックスの可能性——持続可能な福祉社会のガヴァナンスをめざして』ミネルヴァ書房
上村雄彦(2012)「地球規模課題を解決するためには？——グローバル・タックスの可能性」、三上貴教ほか編著『国際社会を学ぶ』晃洋書房、155-169頁
上村雄彦(2013a)「金融取引税の可能性——地球規模課題の解決の切り札として」『世界』844号、248-256頁
上村雄彦(2013b)「グローバル・タックスの可能性と課題」『税理士新聞』(2013年12月～2014年4月まで12回にわたって連載)
上村雄彦編著(2014a)『グローバル協力論入門——地球政治経済論からの接近』法律文化社
上村雄彦(2014b)「グローバル金融が地球共有財となるために——タックス・ヘイブン、「ギャンブル経済」に対する処方箋」日本国際連合学会『国連研究』15号、57-85頁。
上村雄彦(2014c)「金融取引に対する課税とグローバル・ガヴァナンスの展望——グローバルな不正義を是正するために」『横浜市立大学論叢』65巻、人文科学系列2・3合併号、77-104頁
上村雄彦・池田まりこ(2014)「地球環境ガヴァナンス」吉川元ほか編著『グローバル・ガヴァナンス論』法律文化社、244-257頁
亀山康子・高村ゆかり編(2011)『気候変動と国際協調——京都議定書と多国間協議の行方』慈学社出版
寺島委員会(2010)『環境・貧困・格差に立ち向かう国際連帯税の実現をめざして——地球規模課題に対する新しい政策提言』国際連帯税推進協議会最終報告書
深井慈子(2005)『持続可能な世界論』ナカニシヤ出版
福田幸司(2012)「新たな支援枠組み『緑の気候基金』とは何か」『環境会議』2012年春号、95-103頁

○外国語文献

Commission on Global Governance (1995) *Our Global Neighbourhood*, Oxford: Oxford University Press (グローバル・ガバナンス委員会(1995)『地球リーダーシップ——新しい世界秩序をめざして』京都フォーラム監訳、NHK出版).
GCF (2012a) *Governing Instrument for the Green Climate Fund*, Bonn: Green Climate Fund.
GCF (2012b) "Additional rules of procedure of the Board", GCF/B.01-12/02, Bonn: Green Climate Fund.
GCF (2012c) "Arrangements for observer participation in the Board meetings", GCF/B.01-12/03, Bonn: Green Climate Fund.
GCF (2014) "Green Climate Fund announces selection of private sector and civil society international experts to serve in the Private Sector Advisory Group", GCF -

PA.03/14. Incheon: Green Climate Fund.
High-Level Panel on Financing for Development (2001) "Technical Report of the High-Level Panel on Financing for Development".
ITAD (2012) *UNITAID 5 YEAR EVALUATION*, available at: http://www.unitaid.eu/images/Five-year-evaluation/5YE%20Exec%20Summary-UNITAID%202012-12-03%2016h00.pdf, last visited, 31 October 2013.
Jetin, Bruno (2002) *La taxe Tobin et la solidarité entre les nations*, DESCCARTES & Cie（ジュタン、ブリュノ（2006）『トービン税入門──新自由主義的グローバリゼーションに対抗するための国際戦略』和仁道郎訳、社会評論社、239-260頁）。
Patomäki, Heikki (2001) *Democratising Globalisation: The Leverage of the Tobin Tax*, London & New York: Zed Books.
Patomäki, Heikki & Denys, Lieven (2002) "Draft Treaty on Global Currency Transactions Tax". *NIGD Discussion Paper*, 1/2002, Helsinki & Nottingham, http://www.attac.kaapeli.fi/lib/own/tobin/DraftTreaty/, last visited, 1 November 2011.
Rosenau, James N. (1992) "Governance, Order, and Change in World Politics", in Czempiel, Ernst-Otto & Rosenau, James N. eds., *Governance Without Government: Order and Change in World Politics*, Cambridge: Cambridge University Press, pp.1-29.
Tanzi, Vito (1998) "Is There a Need for a World Tax Organization?" in Razin, A. & Sadka, E. eds., *The Economics of Globalization*, Cambridge: Cambridge University Press.
Taskforce on International Financial Transactions for Development (2010) "Globalizing Solidarity: The Case for Financial Levies", the Report of the Committee of Experts to the Taskforce on International Financial Transactions for Development, Leading Group on Innovative Financing for Development.
Uemura, Takehiko (2007) "Exploring Potential of Global Tax: As a Cutting Edge-Measure for Democratizing Global Governance", *International Journal of Public Affairs*, Vol.3, pp.112-129.
Uemura, Takehiko (2012) "From Tobin to a Global Solidarity Levy: Potentials and Challenges for Taxing Financial Transactions towards an improved Global Governance", *Économie Appliquée*, tome LXV, 2012, n° 3, pp.59-94.
UNITAID (2006) "UNITAID – The International Drug Purchase Facility". http://www.ip-watch.org/files/Prospectus%20version%2001092006%204pm.doc, last visited, 24 December 2006.
UNITAID (2007) *UNITAID CONSTITUTION*, endorsed by the UNITAID Executive Board on May 9, 2007.
UNITAID (2010) *UNITAID Annual Report 2009*, Geneva: UNITAID.

あとがき

　本書の冒頭に、圧倒的に深刻で、打つ手がないように見える地球規模課題に対して、解決が可能になるかもしれない歴史的な瞬間が訪れたというようなことを述べた。その解決の切り札こそ、本書で展開したグローバル・タックスであり、とりわけ欧州で実現に向けて具体化しつつあるEU11ヵ国による金融取引税であった。

　同時に、「しかしだからこそ、課税される金融業界の反対は限りなく大き」いことにも言及した。このことをあらためて実感させられたのは、2014年8月から9月にかけて行ったヨーロッパでの現地調査であった。調査では、ウィーンのオーストリア経済研究所、ブリュッセルの欧州委員会、パリのフランス外務省などに赴き、この分野のキーパーソンに対してインタヴューを行った。

　数あるインタヴューの中でも最も印象的だったのは、本論でも度々登場しているオーストリア経済研究所のシュテファン・シュルマイスター (Stephan Schulmeister) の言葉であった。彼は、11ヵ国金融取引税をめぐる最近の動向を、一言で「戦争 (war)」と表現したのである。それは、「科学的戦争であり、政治的戦争である」と。

　すなわち、2011年9月に欧州委員会が欧州金融取引税の指令案を提示したのは、金融業界にとってはまったく「寝耳に水」であったが、その後着々と「武器」や「弾薬」を準備し、一斉攻撃を始めたのだと。具体的には、まずは金融ロビーが中央銀行、学界に働きかけ、金融業界全体でしっかりとタッグが組まれ、次にこれらがタイミングを見計らい、相互に協調しながら、最も効果が出るようなやり方で総攻撃を仕掛けたというのである。

　その中で、彼が「科学的戦争」と呼んだのは、とりわけゴールドマン・サックスの研究者たちによる「攻撃」である。いわく、「『金融取引税は有害である』との初めから決まっている結論を、いわゆる新古典派経済学の美しい数学モデルを使って『実証』し、もし11ヵ国による金融取引税が実施されれば、フラン

スではこれだけの銀行が、ドイツではあれだけの銀行が倒産すると『科学的に』脅す」、あるいは「国際決済銀行（BIS）にも十分な統計がなく、少々知識がある政治家にも理解が困難なレポ取引の話を持ち出し、『金融取引税をやればレポ取引は大いに悪影響を受けるが、あなたはその責任をとれるのか』と詰め寄る」、というようなことを執拗に行ったそうである。

シュルマイスターは「彼らは学者としての魂を金融業界に売り渡したのか」と激怒していたが、その「戦争」のせいで、金融取引税の内容が薄まったのも事実である。第1章で記したとおり、これらの結果、11ヵ国による金融取引税は段階的に導入されることとなり、当初は、株式、債券、デリヴァティブ取引に課税される予定だったものが、第一段階では課税対象から債券は除外され、デリヴァティブに関しても一部の取引に限定される見通しとなったのである。

その後、2014年11月7日に開催された欧州財務相会合で、「上場企業の株式取引は課税対象とすべきことに合意したが、一部デリヴァティブはさらなる検討が必要」との声明が出され、以上のことが確認された。他方、欧州委員会「経済金融問題・税制・関税担当（閣僚級）」のピエール・モスコビシ（Pierre Moscovici）は、2014年12月23日に、金融取引税反対を訴えた金融業界による欧州委員会への書簡に関する市民社会からの質問に対して、「欧州委員会は第一段階での野心的な金融取引税の合意に至るよう、11ヵ国を励ましていく」との書簡を市民社会のメンバーに送っている。

この背景には、金融業界と市民社会の金融取引税をめぐる「政治的戦争」に加えて、少しでも金融取引税の内容を弱めたいフランスと、税率を下げてでも、より幅広い取引へ課税をすべきと考えるドイツ、オーストリア、小国との「政治的戦争」がある。

これらに鑑みると、グローバル・タックスの射程を考えるうえで、政治の重要性が浮かび上がる。EUの内部でさえもこれだけの対立があるということは、グローバルに実施をしようと思えば、まさに「世界戦争」とでも呼べるほどの大きな対立が起こることは間違いない。このような「戦争」をいかに最小化させながら、グローバル・タックスを実現させることができるかというテーマは、この研究分野の重要な射程であり、今後に残された課題である。

あとがき

　今後の課題といえば、法的な側面の検討も残っている。たとえば、11ヵ国金融取引税に参加していない金融機関に課税することは、一方的に課税をされるのを嫌って、参加国以外の国々でも金融取引税が実施され、結果として金融取引税がグローバルに拡大する潜在性がある一方で、それは合法かどうかという論点が残っている。イギリスが提訴したのはまさにこの点である。これに対して、欧州司法裁判所はイギリスの訴えを「棄却」したが、正確には「棄却」というよりも、まだ11ヵ国金融取引税は構想段階で実施されていないので、提訴について十分な審理ができないという意味合いの方が強い。これら法的な側面については、研究チームの望月爾先生に執筆していただく予定であったが、原稿が間に合わなかった。ぜひ次の著書では彼の研究成果も取り上げさせていただきたい。

　同時に、そもそもグローバル・タックスはなぜ必要なのかということを哲学的・倫理的に問う作業も残っている。その他にも、今回はグローバル・タックスとして、金融取引税、地球炭素税、若干だが航空券連帯税については論じることができたが、武器取引税、武器売上税、多国籍企業税、グローバル資産課税、グローバル累進課税などについては、取り上げることができなかった。中でも、グローバル資産課税やグローバル累進課税については、フランスの経済学者であるトマ・ピケティ（Thomas Piketty）による『21世紀の資本』が爆発的にヒットしている現在、非常に注目が集まっており、当然ながらグローバル・タックスの重要な構想として深く検討する必要があることはいうまでもない。

　これらの課題については、幸い2010年度から2012年度まで３年間続いた科学研究費補助金による研究プロジェクトの後、2014年度から新たに４年間、科学研究費補助金（一部基金・基盤研究(B)、課題番号：26285041、グローバル・タックスの効果に関する研究―気候変動ガヴァナンスを中心に）が採択され、継続的に研究する環境を得た。新たに加わったメンバーとともに、さらに研究を深める所存である。

　特に、ピケティのグローバル資産課税は今後の研究課題であると同時に、これによって初めて多くの方々がグローバル・タックスの存在について知る貴重な機会となったと思われる。それはすなわち希望でもある。読者のみなさまか

らの忌憚なきご意見を参考にさせていただきつつ、新しくできつつあるこの希望の流れを大切にして、さらに研鑽を積み上げていきたい。

　本書を終えるにあたり、この本が世に出ることを可能にしてくれた方々にお礼を申し上げたい。あまりにも多くの方々にお世話になり、すべての方々を列挙することは不可能だが、まずは、科学研究費補助金研究チームのメンバーを挙げさせていただきたい。金子文夫先生、三木義一先生、諸富徹先生、ヘイッキ・パトマキ先生、道下知子先生には、ご多忙にもかかわらず、貴重な論稿を執筆していただいた。特に、金子先生には、パトマキ論文の監訳の労も併せて取っていただき、感謝にたえない。今回諸事情で執筆には至らなかったが、植田和弘先生、君島東彦先生、望月爾先生、和仁道郎先生には、研究チームに積極的に参加していただいたのみならず、定例研究会では貴重な報告やコメントをいただいた。

　次に、2014年夏の欧州調査でお世話になった方々にも、この場を借りてお礼を申し上げたい。オーストリア経済研究所のシュテファン・シュルマイスター氏、ブリュッセル自由大学のリーベン・デニス（Lieven Denys）教授、欧州委員会のロルフ・ディーマー（Rolf Diemer）、カロラ・マギッリ（Carola Maggiulli）、ボグダン-アレクサンドル・タスダニ（Bogdan-Alexandru Tasnadi）各氏、フランス外務省のクリスティーヌ・ロゼリーニ（Christine Rosellini）氏、UNITAIDのマウリシオ・シズネ（Mauricio Cysne）広報部長、同じくUNITAIDのヴァレリー・テラノヴァ（Valérie Terranova）顧問、元フランス会計検査院総裁、フランス銀行副総裁で、ランドー委員会の委員長を務めたジャン-ピエール・ランドー（Jean-Pierre Landau）氏、そしてジャック・シラク（Jacques Chirac）元フランス大統領には、貴重なお時間とご意見をいただいた。とりわけ、リーベン・デニス教授とヴァレリー・テラノヴァ氏には、ブリュッセルとパリに訪問中、ご自宅に招待いただき、何泊も滞在させていただいた。これらの調査結果をさらに活用し、新たな研究成果として出せるよう努力したい。

　また、今回の出版が可能になったのは、平成26年度科学研究費助成事業（科学研究費補助金　研究成果公開促進費課題番号：265149）が交付されたからでもある。数ある研究の中から本書を選んでくださった審査委員の方々にも感謝を申

あとがき

し上げたい。

　法律文化社編集部の小西英央氏の名前を挙げずに本書を終えることはできない。昨年は編著『グローバル協力論入門——地球政治経済論からの接近』を刊行したところであるが、それ以外にも分担執筆分も加えると、今回の本で五つの著書について小西氏にお世話になったことになる。ご縁を感じるとともに、これからも心強い編集者として、お力添えをいただきたい。

　最後に、本書にもし何か不備な点などがあれば、それはすべて編者の責任である。そのことを含めても、本書が少しでもグローバル・タックスに関する研究の深化に貢献し、日本がグローバル・タックスを導入する一つの契機になることを願いつつ、筆を置くこととしたい。

　　　　　　　　　　　　　　　　　　　　　新春の研究室にて
　　　　　　　　　　　　　　　　　　　　　　　上村　雄彦

執筆者紹介 （執筆順、＊は編者）

＊上村雄彦（うえむらたけひこ）	横浜市立大学学術院国際総合科学群教授	はじめに、第1章、第6章、あとがき
諸富　徹（もろとみ　とおる）	京都大学大学院経済学研究科教授	第2章
三木義一（みきよしかず）	青山学院大学法学部教授	第3章
道下知子（どうげともこ）	西武文理大学サービス経営学部専任講師	第3章
金子文夫（かねこふみお）	横浜市立大学名誉教授	第4章
ヘイッキ・パトマキ	ヘルシンキ大学政治学部教授	第5章

グローバル・タックスの構想と射程

2015年2月25日　初版第1刷発行

編　者	上　村　雄　彦	
発行者	田　靡　純　子	
発行所	株式会社　法律文化社	

〒603-8053
京都市北区上賀茂岩ヶ垣内町71
電話 075(791)7131　FAX 075(721)8400
http://www.hou-bun.com/

＊乱丁など不良本がありましたら、ご連絡ください。
　お取り替えいたします。

印刷：西濃印刷㈱／製本：㈱藤沢製本
装幀：奥野　章

ISBN 978-4-589-03659-9

Ⓒ2015　Takehiko Uemura Printed in Japan

JCOPY　〈(社)出版者著作権管理機構　委託出版物〉

本書の無断複写は著作権法上での例外を除き禁じられています。複写される
場合は、そのつど事前に、(社)出版者著作権管理機構(電話 03-3513-6969、
FAX 03-3513-6979、e-mail: info@jcopy.or.jp)の許諾を得てください。

上村雄彦編
グローバル協力論入門
―地球政治経済論からの接近―
A5判・226頁・2600円

地球社会が抱える諸問題の克服へ向けて実践されている様々な〈グローバル協力〉を考察し、問題把握のための視座と克服のための実践方法を提示する。課題に果敢に挑戦するための知識と、意識を涵養するためのエッセンスを提供する。

吉川 元・首藤もと子・六鹿茂夫・望月康恵編
グローバル・ガヴァナンス論
A5判・326頁・2900円

人類は平和構築・予防外交などの新たなグッド・ガヴァナンスに希望を託せるのか。地域主義やトランスナショナルな動向をふまえ、グローバル・ガヴァナンスの現状と限界を実証的に分析し、求められるガヴァナンス像を考察する。

日本平和学会編
平和を考えるための100冊＋α
A5判・298頁・2000円

平和について考えるために読むべき書物を解説した書評集。古典から新刊まで名著や定番の書物を厳選。要点を整理・概観したうえ、考えるきっかけを提示する。平和でない実態を知り、多面的な平和に出会うことができる。

三上貴教編
映画で学ぶ国際関係Ⅱ
A5判・220頁・2400円

映画を題材に国際関係論を学ぶユニークな入門書。国際関係の歴史・地域・争点における主要なテーマをカバーし、話題作を中心に50作品を厳選した。新しい試みとして好評を博した『映画で学ぶ国際関係』の第2弾。

上村英明著
新・先住民族の「近代史」
―植民地主義と新自由主義の起源を問う―
A5判・218頁・2500円

植民地主義により権利を奪われ、差別・抑圧・搾取されてきた先住民族の眼差しから「近代史」を批判的に考察する。歪められた近代社会の歴史と構造の本質をつかみとり、隠された私たちの歴史的責任を明らかにする。

―法律文化社―

表示価格は本体(税別)価格です